三國時期傑出政治家，
忠臣與武者代表人物。

岳展騫，吳靜娜 編著

臣鞠躬盡瘁，死而後已，至於
成敗利鈍，非臣之明所能逆覩也。

他集忠、義、智、勇於一身
他成為千百年來智慧的化身
他的傳奇故事為世人所稱頌

他是千古謀臣──諸葛亮

草船借箭、借東風贏得赤壁之戰，且看孔明如何從躬耕隴畝至一代謀士

諸葛亮

U0078380

目錄

目錄

序

　　諸葛亮（181 ～ 234），字孔明，號臥龍，瑯琊陽都，即今山東臨沂市沂南縣人，蜀漢丞相。

　　諸葛亮在世時被封為武鄉侯，諡曰忠武侯。後來的東晉政權為了推崇諸葛亮的軍事才能，特追封他為武興王。

　　諸葛亮 27 歲時，劉備三顧茅廬，會見諸葛亮，問以統一天下大計，諸葛亮精闢地分析了當時的形勢，提出了首先奪取荊、益作為根據地。對內改革政治，對外聯合孫權，南撫夷越，西和諸戎，等待時機，兩路出兵北伐，從而統一全國的戰略思想，這次談話即是著名的「隆中對」。

　　諸葛亮輔佐劉備，聯孫抗曹，大敗曹軍於赤壁，形成三國鼎足之勢，奪占荊州。

　　建安十六年，攻取益州。後又擊敗曹軍，奪得漢中。

　　建安二十六年，劉備在成都建立蜀漢政權，諸葛亮被任命為丞相，主持朝政。3 年後，劉備病危，以後事相托。劉禪繼位，諸葛亮被封為武鄉侯，領益州牧。

　　諸葛亮勤勉謹慎，大小政事必親自處理，賞罰嚴明，與東吳聯盟，改善和西南各族的關係，實行屯田，加強戰備。

　　建興五年，上疏《出師表》於劉禪，率軍出駐漢中，前後 6 次北伐中原，多以糧盡無功而回。

　　建興十二年，終因積勞成疾，病逝於五丈原軍中，將後事託付於姜維。諸葛亮是三國時期蜀國傑出的政治家、思想家、軍事家、發明家。千百年來，諸葛亮成為智慧的化身，其傳奇性故事為世人傳誦。

序

　　諸葛亮的著述，在《三國志》本傳中載有《諸葛氏集目錄》，共24篇，10.4萬字。後人所編，以清人張澍輯本《諸葛忠武侯文集》較為完備。

　　諸葛亮一生主要著作有《前出師表》、《後出師表》、《隆中對》等。由於作戰的需要，他在天文、符咒、奇門遁甲上研究很深，《三國演義》上講述很多。

　　諸葛亮嫻熟韜略，多謀善斷，長於巧思，曾革新「連弩」，可同時發射十箭。做「木牛」「流馬」，便於山地軍事運輸，還推演兵法，作「八陣圖」。

　　諸葛亮明法、正身、治軍，以「鞠躬盡瘁，死而後已」的無私奉獻精神戰鬥到生命的最後一息。他的忠公體國精神，生前就深受蜀人愛戴，死後更長期受到後人的敬仰，已成為中華民族傳統文化的一份遺產。

　　身為三國故事中足智多謀的軍師，諸葛亮的文學形象隨著《三國演義》而廣泛深入人心，並對後來小說如何著力刻畫謀士、幕僚之類人物的文學形象產生了相當大的影響。

　　諸葛亮雖然沒能實現統一國家的夙願，但透過不懈的努力，為中國西南地區的開發和國家統一作出了一定的貢獻。他的聰明才智一直受到人們的尊敬和推崇，給後世留下了深遠的影響。

在亂世當中誕生

東漢靈帝光和四年，在魯南陽都縣，即今山東沂南的一個家學傳承的官宦之家，一個男嬰呱呱墜地了。這就是後來被稱為臥龍的諸葛亮。

諸葛亮的父親名叫諸葛珪，字君貢，東漢末年在泰山郡任郡丞。

據說，他們的祖上原先並不住在陽都縣，而是住在諸縣，即今山東諸城西南。他們的祖先是秦末農民起義首領陳勝手下的將領葛嬰，後來被陳勝殺害。漢文帝時，為了追錄葛嬰反秦之功，便將他的孫子封為諸縣侯。

從此，葛嬰的後代便世代居住於此，並把地名和姓氏合在一起，以諸葛為姓。

諸葛氏是齊魯地區的顯赫大族，在西漢時曾出過大名鼎鼎的司隸校尉諸葛豐。

諸葛豐字少李，西漢瑯琊諸縣人。諸葛豐以剛直著稱於世。他自幼聰慧，讀經閱史，曾為御史大夫貢禹屬官，後薦舉為文學侍御史。

漢元帝時，曾授其為司隸校尉，繼而長為光祿大夫。他性情剛正不阿，執法公允，不畏權貴，對貪官汙吏、專事阿諛奉承之小人恨之入骨，百姓很尊重他。元帝嘉獎他的節操，授予他符節，加封為光祿大夫，給予很高的榮耀。

諸葛豐在執法中觸及元帝的寵臣時，被元帝下令收回符節，降為城門校尉。從諸葛豐開始，歷史上的司隸校尉不再掌握符節了。

諸葛豐降為城門校尉後，繼續上書檢舉官員們的不法行為，反被元帝說他誣陷好人，予以治罪。本要服刑，見他年老，故罷官為庶人，後病死。

諸葛豐是三國時著名政治家、軍事家諸葛亮之遠祖，《漢書》有傳。

到東漢初期，這支諸葛家族才從諸縣遷到陽都，到了諸葛珪這一輩，已經在陽都定居近一個世紀了。

諸葛亮剛剛誕生的年代，正是東漢政治日益腐敗、黑暗的時期。

諸葛亮之父諸葛珪給大兒子取名諸葛瑾，希望他像美玉一樣潔白，也希望朝廷政治能像玉一樣潔淨。如今，繼一男二女之後，諸葛亮又來到這個世上。

嬰兒呱呱墜地的哭泣聲，讓諸葛珪從對眼前亂世的感慨當中驚醒了過來，七歲的大兒子諸葛瑾大叫著：「爹，爹，俺娘給俺又生了一個弟弟。」

諸葛珪答應一聲，一絲喜悅湧上心頭，拉著諸葛瑾的小手，疾步向後院走去。

進到房間，諸葛珪安慰了妻子章氏幾句。從接生婆手中接過了孩子，仔細地端詳了起來。

手中的兒子胖乎乎的，濃密漆黑的頭髮，白裡透紅的臉蛋，仿若粉雕玉琢一般。面孔方正，天庭飽滿，兩隻眼睛不斷地轉動著，透著一股機靈勁。

諸葛珪不由心中一陣高興，轉頭對床上的章氏說：「這個孩子目隆清瑩，骨爽氣俊，長得既像爹又像娘，長大後定是個有作為的人。」

章氏臉上露出了笑容，對諸葛珪說「老爺就幫兒子起個名字吧！」

諸葛珪是個飽學之士，聞言不由邊踱步邊思索了起來。透過窗孔向屋外望去，天空一片瓦藍，天色已經大亮。院內老竹新蔓，清爽怡人，玫瑰吐秀，百鳥啁啾，空氣中溶泛著翡翠異彩，給人一種心情曠達的感覺。

諸葛珪看著這些情景，捋捋鬍須，微笑著對夫人說道：「這孩子生在

天亮之際，嗓音洪亮，就起名叫諸葛亮，字孔明吧！」

　　章氏覺得這個名字好聽而且大氣，心中滿意，於是點頭同意。她從丈夫手中接過諸葛亮，輕放在被窩中。

　　諸葛珪給諸葛亮起的這個名字，也意在讓這個孩子發揚家族光明正直的家風，希望黑暗的朝政變得光明起來。

　　諸葛珪也知道，自己的希望一半可行，另一半卻可能會落空。諸葛珪相信有自己嚴格的教育，有世代家風的薰陶，孩子們的成長不會使自己失望。

　　但是，對於朝廷政治他就不敢說了，諸葛瑾的名字已經叫了七年了，朝政並沒變得像玉一樣潔淨。

　　現在，黑暗的朝政能變得清明嗎？望著諸葛亮襁褓中那甜甜的笑臉，諸葛珪心中不禁感慨道：這個孩子生不逢時啊！

自幼就聰明好學

歲月荏苒，時光如梭。諸葛亮已經從一個咿呀學語的稚子長成了珠璣滿腹的孩童。

3歲的時候，諸葛亮已認識數百字了，4歲便能誦讀詩詞，5歲時，父母把他送到官辦的文學館讀書。

由於諸葛亮天資聰慧、勤奮好學，學業上進步很快。師長講課時，他認真聽講，不懂就問，力求弄懂弄通，有獨到的見解和體會。有幾次，諸葛亮就歷朝名士施展文韜武略、智謀興邦等事例，提出一些問題，竟把老師問得啞口無語。

不僅如此，諸葛亮自幼才華過人，博聞強識，讀書過目不忘。他曾向老師借來一本《晏子春秋》，只讀一遍，就能背誦如流，一時間在學館中傳為美談。

學堂內有個老學究，喜歡下棋，在陽都很有名氣，聽說諸葛亮精通棋藝，老先生特地把他叫到屋中對弈，結果一勝四敗，白髮人敗在學童之手，使人驚嘆不已。

汪家莊有位親戚，想造條大船出外做生意，但計算不出造船需要多少材料。親戚就向諸葛珪請教，諸葛珪回答不出，在一旁的諸葛亮卻說：「可以先造條小船，計算好材料數量。再看看要造的那條大船相當於小船的多少倍，大船所需材料的數量也就計算出來了。」按照諸葛亮的辦法去做，船很快造成了。

在學館裡面，有個叫朱波的學童，倚仗其父是奉縣的縣丞，驕橫不法，浪蕩成性，經常欺侮同班其他學童。

對於朱波的所作所為，大家都非常氣憤，背地裡喊他「小霸王」。但是，諸葛亮從不懼怕朱波，經常直言斥責他的惡行。

朱波因為諸葛亮的父親諸葛珪比自己父親的官大一級，嫉妒諸葛亮，不敢在他面前放肆。

有一次，朱波又無故毒打了一名學生，諸葛亮和幾位小朋友一商量，用計先支走朱波的家丁，在放學的路上，把朱波騙到荒郊野外，在歷數其惡行後，眾人拳打腳踢，把朱波狠打了一頓。

從那以後，朱波再也不敢為所欲為。主持正義的諸葛亮周圍很快聚集了一批少年朋友，大夥兒都親切地叫他「亮哥」，學館裡的教學秩序也相應地好了起來。

諸葛珪儘管遠在泰安做官，但仍非常關心子女們的學習和生活，不時託人捎回書籍讓他們閱讀，每次回家都提出問題對孩子們考問，諸葛亮回答得最好，常得到父親的稱讚。

一次，叔父諸葛玄對兩個侄兒進行考問。老大諸葛瑾對《尚書》、《左傳》等有一定的見解，對傳統的禮、樂、射、御、書、鼓六藝感興趣，諸葛亮則喜歡鑽研治國權謀方面的書籍，有問必答。

諸葛玄感慨地說：「老二將來要成為一個治世的能臣。」

受優良傳統薰陶

　　諸葛珪生活在東漢政治最糟糕的時期。從諸葛珪記事時起，他就常聽大人講宮中宦官和外戚輪流秉政的故事。

　　自從漢章帝劉炟以後，東漢朝中繼位的皇帝都很幼小。和帝 10 歲繼位，殤帝誕生不到百日繼位，安帝 13 歲繼位，順帝 11 歲繼位，沖帝 2 歲繼位，質帝 8 歲繼位，桓帝 15 歲繼位。

　　「襁褓皇帝」和「童年天子」都是有名分和地位，但卻不可能有成熟的政治統治經驗，因而不可能真正獨立行使最高首腦的權力。真正的權力由皇帝的母后及娘舅家族掌握。這就出現了外戚秉政的現象。

　　但是，當小皇帝一天天長大以後，他們就希望從外戚的控制下擺脫出來，於是他們就依靠宮中與外戚不同的另一群人宦官的力量把外戚扳倒。

　　諸葛珪所生活的時代，正趕上新一輪外戚反對宦官的爭鬥。這次爭鬥的一個新特點，就是有士大夫集團的參加。

　　早在桓帝時期，郭泰、賈彪便被太學中萬餘名學生推為領袖，他們和李膺、陳蕃、王暢等互相讚譽褒揚。當時被這種方式讚譽的除了李膺、陳蕃、王暢外，還有范滂等人。他們痛恨宦官專擅朝政，以誅除宦官澄清政治為己任，因此也遭到宦官的報復。

　　宦官們找了個藉口，把士大夫集團的領袖人物誣為「黨人」，將他們罷官、逮捕、通緝，製造了第一次「黨錮之禍」。

　　桓帝死後，靈帝繼位。靈帝繼位時只有 12 歲，是由外戚竇武和他的女兒竇太后冊立的。竇武的用意很明顯，就是要透過小皇帝控制朝政。為了達到這個目的，他撤銷了黨錮禁令，聯合黨人，企圖把宦官勢力打下去。

不料，宦官們卻事先知道了消息，他們搶在黨人前面，又一次製造了「黨錮之禍」，這一次對黨人的鎮壓更加嚴厲，領袖人物入獄身亡，其他人則遭到搜捕通緝。被捕的百餘名黨人全部死於獄中，再加上在此之前已故者、被逼逃亡者、被流徙者，總共約有六七百人被牽連進去。

此外，朝廷還下了一條嚴厲的禁令。黨人永遠不許為官。這條禁令是靈帝建寧二年發出的，到諸葛亮出生這年，黨人仍在被禁錮之中。

諸葛珪雖不是黨人，但他的政治立場卻是站在黨人一邊的。諸葛珪痛恨宦官專權、誤國、殃民，他不願意與朝中惡勢力同流合汙。

諸葛家族累世家學，社會地位很高。諸葛家族與朝中累世公卿的袁氏關係密切，按照其社會地位、政治關係，諸葛珪可以在朝中為官。但他覺得，在宦官把持下的朝中做官是不會有所作為的，因此，他只在泰山郡任郡丞，是郡一級行政長官郡守的副手。

在別人眼裡，這是個肥缺、美差，但諸葛珪卻牢記祖先教誨，忠於職守，從不貪贓枉法，昭雪了不少冤案，深得百姓擁護，也因此得罪了不少人，儘管當了多年的官吏，家中日子過得並不富裕。

在泰安任內，諸葛珪和現任郡守王祿的關係越來越緊張。王祿的官職是掏錢買來的，他雖然對治國興邦之道一竅不通，但對百姓卻如狼似虎、敲骨吸髓。

諸葛珪當然不會同這樣的人同流合汙，因此每每遭到斥責、排擠。

諸葛珪回家曾對夫人談起準備辭官務農之事，章氏沒有明確反對，婉言勸阻道：「朝綱敗壞，少數人無力回天。惹惱了太守，今後的處境更難。為了孩子們，你就忍氣混日子吧！」

但諸葛珪仍決心按照自己的意願行事，與奸邪勢力對抗。

相對而言，諸葛亮的叔叔諸葛玄更是灑脫，他乾脆斷絕仕宦的念頭，

什麼官也不做，卻仍和被朝廷通緝的黨人領袖劉表等人秘密往來。

儘管諸葛珪認為孩子們生不逢時，政治前途渺茫，但作為家學的傳承者，他並未放鬆對孩子們的教育。他教孩子們學習《詩經》、《尚書》等儒家經典及《管子》、《商君書》、《六韜》等諸子學說，更以自己的正直品格影響著孩子們。

比起同時代人，諸葛亮是個不幸中的幸運兒。諸葛亮出生在具有豐厚文化土壤的齊魯大地。這裡是儒家文化的發源地。

早在西周初期，太公及其後代便在齊地實施「仁政」，周公的後代在魯地實施「禮教」，從而為完整的儒家理論體系的產生奠定了基礎。儒學先聖孔子、孟子在這裡產生並不是偶然的。

這裡深厚的文化土壤為諸葛亮的成長提供了豐富的精神營養。諸葛亮日後對儒法思想的融會貫通，對傳統政治軍事思想的發展創新，都與齊魯文化的薰陶有關。

諸葛亮出生在一個具有優秀家風的家族。

這是一個看重知識學問、講求博學廣聞的家族。諸葛家族累世經學，從諸葛亮的父親、叔叔與漢末名士劉表、朝中公卿袁氏的密切關係中可以看出，他們都是名士之流。

諸葛亮的哥哥諸葛瑾，自幼刻苦好學，年紀不大時便到京師遊學，學習《詩經》、《尚書》、《左傳》等儒家經典。在這種家庭環境中，諸葛亮也從小養成了良好的學習習慣。

諸葛亮的祖先諸葛豐，不畏強暴，懲治外戚許章的事蹟被史家記入史冊，諸葛亮每讀《漢書》，都能從祖先那裡感受到剛正不阿、疾惡如仇的骨氣。

諸葛亮的父親、叔叔同情黨人，不與宦官為伍的充滿正氣的行為，更是深深地影響了諸葛亮。叔叔諸葛玄，跟他講了許多黨人的事蹟。

如黨人領袖陳蕃，15歲時曾獨居一室。他父親的朋友一次來到他家，見院內屋裡髒亂不堪，便問：「你為什麼不將屋子打掃乾淨來迎接客人呢？」

陳蕃回答說：「大丈夫處世，當掃除天下，安事一室乎！」

再比如，黨錮事件發生後，朝廷下令逮捕黨人。黨人領袖范滂聽說縣中正在為拘捕自己而為難時，便到縣衙投案。

縣令郭揖表示寧可棄官不做，也要放范滂逃生。

范滂卻說：「滂死則禍塞，何敢以罪累君。」他從容地訣別家人，然後慷慨就義。

黨人這些憂國憂時、心懷濟世、疾惡如仇、不畏強暴、捨生殉道、敢做敢當的品質，深深地震撼著諸葛亮那幼小的心靈。

諸葛亮從叔叔那裡明白了一個道理，那些汙蔑別人鉤黨不軌的人正是禍國殃民的國賊，而那些身背圖謀大逆罪名的黨人卻是國家的忠良之臣。任何事情都不要聽別人怎麼說，而是要看他們怎麼做。

失去了父母雙親

早在諸葛亮 4 歲的時候，就爆發了黃巾農民大起義。

雖然黃巾軍主力很快遭到鎮壓，但黃巾軍餘部堅持抗爭 20 餘年，給東漢朝廷以沉重打擊。

在鎮壓黃巾起義的過程中，為了擴大自己的力量，東漢朝廷解除了黨錮。

黨錮的解除，給士大夫集團在政治上提供了發展的機會，他們關心政治、匡時濟世、捨生殉道的精神對社會產生了很大影響。

在鎮壓黃巾起義的過程中，漢靈帝為了加強地方政權的力量，平定各地區的反抗，採納了太常劉焉的建議，設立州一級的行政長官州牧，一改郡縣兩級的行政體制。

出任州牧者，多為朝廷重臣，掌握州中財、政、軍大權。

東漢朝廷本想通過鎮壓黃巾起義，以加強中央的統治。

但當黃巾起義的風暴過後，統治者驚奇地發現，欲恢復原來的秩序已根本不可能了。

各地方豪強勢力擁兵自重，形成了大大小小的武裝軍閥集團。在中央朝廷，士大夫集團的勢力不斷壯大，成為地方豪強在中央的政治代表。

中平六年四月，漢靈帝死，少帝即位。在此期間，外戚何進企圖在士大夫集團的支持下除掉宦官，結果反被宦官所殺。

士大夫集團中的實力派袁紹又將宦官斬盡殺絕。隨後地方軍閥董卓進入京城，掌握朝政。

關東的實力派又以討伐國賊董卓的名義擴展自己勢力。至漢獻帝初年，全國各地先後形成了幾個大的武裝割據集團。

這是一個中央集權土崩瓦解的時期，一個地方實力派爭奪地盤的時期，一個分裂割據的時期，一個只能謀求局部統一，然後再進一步實現全國統一的時期。

生活在這樣一個動盪的時期，諸葛亮是不幸的。

但從另一角度看，諸葛亮又是幸運的。

因為這又是一個政治舞台風雲際會的時代，一個為實現國家統一、人民生活安定，從而出現的龍爭虎鬥各顯英雄本色的時代，一個呼喚英雄、需要英才的時代。

如果說，諸葛亮家鄉豐厚的文化土壤是他成長的地利，家庭的良好教育和影響是人和，那麼這個時代就是他成長的天時。

天時、地利、人和，終於使諸葛亮成為三國時期人才群星中最燦爛、最耀眼的一顆。

那年夏天，黃巾軍一萬多人奉張角之命進入陽都縣。每到一地，打官府，搶食糧，活捉當地的最高長官處以極刑。

黃瞳縣令沒有滿足義軍的要求，雙方在陽都縣境內展開了激戰。

由於力量懸殊，官軍吃了敗仗，義軍殺了批貪官汙吏和土豪劣紳。

義軍走後，土匪無賴趁機而動，打家劫舍為害鄉里。

很多人家都遭了難，諸葛亮家的房屋也被燒了幾間。

學堂上不成課了，先生們紛紛逃難出走，諸葛亮只得輟學回到家中。

幾年來，泰安郡的郡守換了三任，一任比一任貪得無厭。

開始時，他們要利用諸葛珪熟悉民情，安撫民眾，一旦站穩腳跟，便荒淫奢侈，聚斂錢財，不擇手段地排斥異己。

諸葛珪潔身自好，憂國憂民，不肯同貪官汙吏合作，而在這汙濁不堪、群醜登台的混濁世界中，少數清官是無法與邪惡勢力抗衡的。

在這其中，太守王祿最為貪婪暴斂。王祿也曾一度失官，因九姨太碧

蓮長得如花似玉，風流多情，王祿忍痛把她送給州刺史做妾，博得了上司青睞，又換來一頂官帽子，重新到泰安來做官。

黃巾軍主力轉移後，王祿縱兵擄掠，殘害百姓，濫殺無辜，中飽私囊，使得諸葛珪非常憤慨。他表面曲意奉承，暗中卻故意作梗。

一天，王祿在奉高、弗縣搶了40多名民女，挑選有姿色者肆意姦淫，還殺死了10多名不從和反抗者。

諸葛珪當面勸阻，私開幽室，放跑了6個姑娘，使王祿大為不滿，惱怒在心。

王祿趁朝廷使者來泰安挑驢供皇帝玩樂之際，派諸葛珪承辦此事，暗中卻買通宦官，挑了一頭瘸驢充數。

到京城後事情暴露，皇帝惱怒，免去了諸葛珪的官職，令王祿將其毒打一頓，驅逐回家。

王祿公報私仇，終於如願。

漢靈帝中平五年，是一個多災多難年月。

這一年，接連發生的幾件事，猶如雪上加霜，使諸葛亮家的家境每況愈下，日漸艱難。

在這一年裡，諸葛亮舅舅的死去，使諸葛亮全家悲痛不已。

舅舅家住在依山靠水的章家村，家有良田千餘畝，深宅大院，由於善於操持，收入豐厚，在方圓數十里算得上是富裕人家。

舅舅為人豪爽正直，又講義氣。對待鄉親們他樂善好施，對待奸詐之徒，他疾惡如仇。

有一天夜晚，七八十名盜賊闖到了舅舅家中，見物就搶，見人就殺。

章家的人急忙持械反抗。由於敵眾我寡，在激烈的搏鬥中，舅舅不幸中矢喪命。

10 多名家丁被殺死，七八名侍女被搶走，剩餘的僕人四散逃命。

諸葛亮母親自弟弟去世之後，就一直精神恍惚，面容慘淡，茶飯不思，鬱鬱寡歡。

大約在諸葛亮 6 歲的時候，諸葛亮的母親章氏因病去世。

章氏是個知書達理、聰明賢惠的母親，她不但支持長子諸葛瑾到京師洛陽去遊學深造，學習儒家經典，還教諸葛亮認字，對他進行啟蒙教育。

母親章氏經常給諸葛亮講經史、傳記，講兵法、醫學，傳授給他琴技、棋藝，使諸葛亮博學多才。

特別是她講的歷代名人自強不息、發憤攻讀、建功立業、造福於民的故事，更像磁石一樣吸引了諸葛亮的心，鼓舞他不斷上進，立志在茫茫大千世界中幹出一番驚天動地的事業來。

母親的去世，使諸葛亮感到失去了一位世界上最親愛、最慈祥的啟蒙老師。

哥哥諸葛瑾也中斷了遊學生涯回鄉為母親守孝。

失去母愛是不幸的，但諸葛亮感到比自己更不幸的是弟弟諸葛均。

他那幼小的年紀，正是需要母親愛撫的時候。

諸葛亮頓時覺得自己長大了許多，他覺得應該以自己的兄長之愛，去減輕弟弟失去母愛的苦痛。

不久以後，為了照顧家庭，撫育孤弱，諸葛珪又續絃娶妻，把孩子們的繼母領進了家門。

新來的繼母很愛孩子，諸葛亮兄弟們對繼母也很尊敬。

母親的去世，雖使諸葛亮失去了啟蒙老師，但諸葛瑾的還鄉，又使諸葛亮有了可以請教學問的兄長。

然而，好景不長。諸葛亮 8 歲那年，父親諸葛珪又因病去世。

與艱苦生活奮鬥

封建時代，父親是一家之長，家中的重心。支柱的崩折，給這個家帶來了很大的變化。長子諸葛瑾已經 15 歲，承擔起奉養繼母的義務，8 歲的諸葛亮、年幼的弟弟諸葛均以及尚未出嫁的兩個姐姐全部由叔父諸葛玄撫養。

叔父那年 40 多歲，是個胸富韜略、文武兼備的難得人才。年輕時，也和山陽高平人劉表同拜名士王暢為師，熟讀儒家經典，通曉治邦之術。又拜名師學習武功，精通演兵佈陣，般般武藝嫻熟。

後來，劉表進京去找王暢謀求官職，叔叔因看到父親在泰安任上政務繁忙，自己家生活困難，毅然捨去做官的機會，回到陽都，挑起了家庭生活的重擔。

諸葛玄還和南山雁一道，教習本族青年學文習武，保衛家園，使賊寇聞風喪膽，不敢貿然來犯。

眼下世道艱難，五兄妹成為拖累，叔叔要照顧老的小的，身上的擔子自然很重。

從那以後，叔叔和嬸嬸對他們噓寒問暖，百般照顧，使眾兄妹漸漸從失去親人的痛苦中解脫出來，恢復了往日的天真與快樂。

一年秋季，因為乾旱，導致了許多人家收成不好，窮困潦倒。有些因為糧食被盜賊搶了的農戶，整個秋冬都是在吃糠咽菜，饑一頓飽一頓地艱難度日。

諸葛亮家在過去還有一些積蓄，在村寨中也算是富裕人家。但是因為土地歉收，也少了舅舅的接濟，又因為父母的先後去世花費了許多的錢，

家中的生活也逐漸拮据起來。

這年夏季，陰雨連綿，莊稼收成不好，第二年又遭受了水災，第三年是蝗蟲，加上各級官吏如狼似虎地敲詐百姓，巧取豪奪。更有一些貪婪之徒肆意侵占，公開搶劫。搞得陽都民不聊生，餓殍遍野。

從父親去世到如今，已有 4 個年頭了。而此時風雨飄搖的漢朝也發生了很多變故。

漢靈帝死後，先是何皇后的兒子少帝執政，後是和諸葛亮同歲的漢獻帝登基。奸賊董卓，燒殺搶掠，無惡不作，被十幾路諸侯合兵討伐，揭開了軍閥混戰的序幕。

陽都縣的百姓，又跟著遭了大殃。今天是兵災，明天是匪患，刀光劍影，烽火連天，百姓們日夜憂心忡忡，惶恐不安。

離孫家黃曈十幾公里的青山堡，被土匪頭子張修占領。張修兇狠殘暴，是個殺人不眨眼的魔王，他經常派人四處搶掠，搞得一方百姓不得安寧。

張修幾次前來攻村寨，由於諸葛玄和南山雁的武功高強、指揮有方，使匪徒們沒有撈到便宜。拉鋸戰的結果，雙方都損耗了很大實力。

但是，村寨裡面缺少防禦的箭支，多日的戰鬥使得村裡人們的生活更加窮困艱難。

諸葛亮也在這連年戰爭、艱難困苦當中逐步地成長了起來。

終於有一次，在諸葛亮的建議下，諸葛玄以及南山雁帶領村寨的精壯人員將張修一夥匪盜擊退，並且處死了張修。

而在此時，諸葛亮家也陷入了入不敷出、缺衣少食的境況當中了。家中值錢的東西，也都漸漸地變賣充作家用，侍女和僕人們也大都遣散回家。

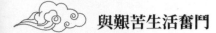

　　少時曾到京師遊學，潛心於《詩經》、《尚書》、《左氏春秋》研究的哥哥諸葛瑾，又娶了陸家莊陸員外的愛女陸秀英為妻。為操辦婚事，不得不向外借了一筆債，一時間很難還上。

　　旱災、水災、蝗災、荒災、兵災、匪災，這些令人擔驚受怕的災難，壓得人幾乎喘不過氣來，苦難的生活逼著諸葛亮全家人去尋找新的出路。

　　最後，經過商議，諸葛玄決定按照當年諸葛珪的囑咐，去投靠南陽袁術。

隨叔父四處漂泊

袁術是司空袁逢正室夫人王氏所生的兒子。袁家四世三公，門生故吏遍天下，在軍閥、百姓中有一定的影響力和號召力。

袁術向以有俠膽義氣而著稱，在朝中曾任過折衝校尉和虎賁中郎將，他因反對和害怕董卓，而出奔南陽。後被任命為後將軍，駐軍魯陽。

盟軍討伐董卓，袁術趁到南陽催運軍糧時，會同長沙太守孫堅，殺死南陽太守張咨，趁機占領了地大物博的南陽郡。南陽離陽都不算太遠，半月時間就能到達。諸葛珪和袁術有一定私交，投靠袁術，也許能得到一塊立足之地。

諸葛玄說服了諸葛瑾夫婦，留下來看管家產。諸葛玄只帶著諸葛亮等族內二十幾個年輕人投靠袁術。

一路之上風餐露宿，吃盡了苦頭。過了譙縣和汝南等地終於進到了荊州南陽郡境內。

南陽宛城處在「綿三山臨帶群湖，枕伏牛而蹬江漢」的南陽盆地中。

放眼望去，清水從層巒叠嶂中彎彎曲曲地流淌出來，過了聞名全國盛產玉石的序山，在盆窯之南繞了一個大彎，南北水勢變成了東西傾瀉。

東漢開國皇帝光武帝劉秀的故鄉就在南陽，加之他手下的部將大都出自這裡，後漢以來這裡成了個繁華的大都市，王侯宅第相望，商舖林立，其他郡邑不敢比。單就宛城的城牆，比起泰安城和汝南城來看，就顯得雄偉高大。

用秦磚條石疊成的城牆，逶迤周長 18 公里。城的四周，護城河急流洶湧。

城牆下密佈鹿角和刺網，形成了外圍屏障。高大的城牆上，箭眼密佈，崗哨林立，旌旗飛舞，甲杖生輝，給人一種震懾感。

由於政局混亂，南陽這些年也是戰亂紛起，烽火不息。

第二天，諸葛玄去見了袁術。

袁術見諸葛玄有大將之才，任命諸葛玄為參將，領精兵 3000 餘人，奔赴葉縣平山。

諸葛亮全家人又在兵士的護送下，隨著叔叔諸葛玄來到了平山。

平山地處葉縣的北方，境北橫臥著一座大山，構成了南陽郡和潁川郡的天然分界線。山勢平坦，連綿數十公里長。雖然不算險峻，但全山遍野蓊鬱的松柏林立，顯得異常葳蕤。加上灌木叢生，溝壑縱橫，唯一的狹窄通道連接著北方，阻山滯河，四塞易守，是個屯兵的好去處。

諸葛玄在要道口安下營寨。精通軍務的他撤兵在軍營周圍加固柵欄，架起鐵藜牆，開挖了幾公里長的暗道，修築了幾十座碉堡，使防禦力量大為增強。

諸葛玄嚴明軍紀，令行禁止。手下兩名將官因搶掠了當地百姓財物，他知道後即將其斬首示眾，既教育了三軍將士，又得到了百姓擁護。

襄城守將武國保，驍勇善戰，帶領 5,000 餘人馬來攻打平山，諸葛玄採用了諸葛亮的計策，誘敵於荒山野嶺之中，分兵圍而殲之。武國保身負重傷逃回，5,000 餘軍卒僅剩下了 400 多人，從此再也不敢侵犯平山。

在平山的山麓下的華裡村，即今平頂山衛東區諸葛街一帶，諸葛亮和家人就在這裡住了一段時日。

在華裡村，諸葛亮結識一位學識淵博的老學究，他的名字叫俞正新。

俞正新經常給諸葛亮講解前朝古代的經世奇謀。什麼甘茂妙喻，武王立誓；臣子施惠，君王得利，什麼范雎死裡逃生，蹇叔百里奚知兵必敗；

什麼蘇秦一句話換十座城，藺相如完璧歸趙；田單巧布火牛陣，趙括空談遭慘敗，陳平脫衣救命，李廣解鞍退匈奴等。

諸葛亮聽得津津有味，腦子裡增添了不少智慧和歷史知識。俞正新去洛陽做官時，還把珍藏的一些書籍贈送給諸葛亮。

諸葛亮在此讀書學習，牧羊種菜，度過了難忘的近半年時間。這年，劉表派兵攻打袁術盤踞的宛城，兩軍發生激戰。面對荊州兵的兇猛攻勢，在外城未破之前，袁術已經是喪魂失魄，不願再做抵抗，率軍逃往了魯陽山中，導致了宛城的失陷。而之後，又下令諸葛玄，命他放棄平山，立即率軍趕赴陳留作戰。

諸葛玄接到命令之後，雖然有將士提出袁術沒有遠見，去陳留沒有什麼好的下場，不如反戈投到荊州處，也可以謀得一官半職。

但是諸葛玄認為乘人之危作出不忠不義之事，便如禽獸一般，斥責了一頓下屬。

華裡村的諸葛亮接到叔父的信之後，當即和家人行動起來。跟隨叔父過起了四處飄蕩的生活。

在路上他們遇到了兵敗的袁術，並且諸葛玄大戰曹兵，救回了袁術，被加封為參軍，讓其參與商量下一步的軍事行動。

諸葛玄建議向淮北進發，得到了袁術的贊同。

袁術殺死揚州刺史陳溫，占領了壽春城，並得到淮南、淮北的大片土地，袁術自稱揚州刺史，兼稱徐州伯。

諸葛亮等人披星戴月，迎著風霜，輾轉趕到了壽春。

壽春是一個依山傍水的巍峨古城，是當時揚州的首府所在地。堅固的城牆下，淮河蜿蜒如帶，沿城洶湧穿過。河中桅杆林立，船影掩映，號子聲和喧嚷聲此起彼伏，熱鬧異常。

遠處群巒叠嶂，連綿不斷。山嶺四季常青，景色優美宜人。

壽春是通往淮北、淮南的重要門戶，是古往今來兵家必爭之地。誰得了壽春，周圍數十城便唾手可得。

向南可控江南，向北威逼徐州。加之這裡人煙稠密，土地膏腴，富甲天下，素有「糧倉」之稱。袁術得了此地，無疑是如魚得水，似虎添翼。

諸葛玄購買了一處房宅，一家人便在壽春住了下來。

在壽春的這段時間，諸葛亮或拜名師於崇山峻嶺之中，或遊玩寄情於山水之間，或吟詩作賦於名勝景點，或彈琴下棋於亭閣水榭，並結識了閻剛、橋景、楊猛、李別、胡亭等一批少年朋友。

閻剛是袁術手下重要的文臣謀士閻象的兒子，身姿挺拔，傲然玉立，能詩擅畫，才藝雙絕。

書畫在揚州堪稱一絕，諸葛亮經常到閻家去，得到了父子倆的指點，書法繪畫等技藝進步很快。

橋景是大將橋蕤的公子，此人五短身材，面方嘴闊。善使一對鴛鴦刀，舞動起來如車輪飛轉，虎虎生風，神出鬼沒。橋景為人豪爽，放蕩不羈，言語中常充滿桀驁不馴之氣。

橋景雖然比諸葛亮年長兩歲，其父官高位重，又是袁術的心腹，因從內心佩服諸葛亮的機智多謀、才華出眾，所以對其言聽計從，倆人遂成為要好的朋友。

不久之後，袁術得到了孫策所獻的傳國玉璽，欣喜若狂，取代劉氏當皇帝的心情日益迫切。

傳國玉璽就是舉世聞名的「和氏璧」，秦始皇時，命工匠雕成玉印，由丞相李斯親題「受命於天，既壽永昌」8字於其上，作為皇權的象徵。

後來被高祖劉邦所得，歷代相傳，傳到了少帝手中。何進被殺後，亂

軍入城，孫堅從洛陽皇宮中得到此寶。

他匆忙攜寶南歸，結果卻招來禍端，在襄陽遭到劉表的伏擊，命喪亂箭之下。

孫堅之子孫策投奔袁術後，武藝高強，驍勇善戰，加上美姿顏面、生性闊達，橋蕤、張勳都很敬重他。連袁術也常嘆說「使術有子如孫郎，死復何恨」，可他害怕孫策羽毛早豐，不服他管，嘴上說得好聽，遲遲不予重用。

為開拓疆業，孫策在謀士的策劃下，把傳國玉璽獻給了袁術。袁術得寶欣喜若狂，派孫策帶領孫堅的舊部去幫助吳景即孫策的舅舅進攻橫江。

孫策只帶了千餘人，馬數十匹，渡江攻關，所向披靡，在曲阿打敗了朝廷任命的揚州刺史劉繇，很快占據了江東。

孫策離開壽春後，袁術再次召集眾人商議稱帝之事。幾個忠烈之士婉言提出勸諫，遭到了袁術的斥罵。

大臣閻象也極力勸諫，被袁術砍了頭。其子閻剛在諸葛玄和諸葛亮的幫助下星夜逃往江東避難。

看到正氣沉淪、忠良塗炭，諸葛叔侄們不禁心中慘然。

袁術在壽春的時間一長，為政混亂，性情更加奢侈。他喜愛蓄養歌童舞伎，整天沉醉於花天酒地中，使跟隨他的文武官員越來越寒心。

諸葛玄手下有個將官，其妻冰肌玉體，容貌出眾，不知什麼時候被袁術發現了，他派人闖入家中，把該女搶走，企圖霸占為妾。該女不從，在洞房花燭夜頭撞梁柱而死，為此惹惱了袁術，把其夫活活打死，屍體高懸在城牆上示眾。

面對袁術的殘暴行為，想到軍心的憤慨、浮動，諸葛玄和諸葛亮等人商議後，覺得不能在袁術眼皮下做官，當謀求外任，以免遭受不測之禍。

於是，諸葛玄派人上下打點。橋蕤、張勳、楊大匠、紀靈等人得了好

處，都為諸葛玄求情說好話。

袁術對諸葛玄的印象本來不錯，恰逢豫章郡太守因地方騷亂無力駕馭而請求回壽春任職。

這個太守是袁術的親信，溜須拍馬，袁術當然喜歡這樣的人留在身邊，諸葛玄外任之事很快就定了下來。

漢獻帝興平二年的初春時節，諸葛亮跟隨叔父諸葛玄前往豫章郡任職。

豫章自古為江南的一座軍事重鎮。它城牆高大，壕溝寬闊，依山傍水，氣勢險峻，原先人煙稠密，但最近不斷遭到流匪的侵襲、騷亂，周圍還盤踞著多股寇匪，整個城池顯得破敗不堪。加上東有劉繇、孫策虎視眈眈，西有黃祖、劉表急於奪取，豫章城可謂是腹背受敵，岌岌可危。

進入豫章後，交接很順利。前任太守刮足了民脂民膏，急欲回到壽春，中午舉行了宴會，當天就離開了豫章。

留給諸葛玄的卻是一個個爛攤子。府庫糧少銀缺，兵弱城破，饑民流竄，問題成堆。

諸葛玄先派人帶兵擊潰了豫章外圍的六七股流賊，才使局勢稍微穩定了下來。

東漢末年，豫章一帶的經濟比較落後，人民顛沛流離，土地大半荒蕪，偏遠地方甚至虎狼出沒、野草叢生。諸葛玄一邊分給土地，引進良種，請人傳授先進的生產技術，並輕徭薄賦，使百姓得以休養生息。一邊提倡節儉，反對奢侈。他自己衣著車馬極其簡樸，還和諸葛亮兄弟在郡衙內挖地種菜，挑水施肥，女眷們也都紡線織布，全家過得很是清苦。

但是，正當諸葛亮叔侄嚴明法典、扶正祛邪，廣施恩惠，豫章的形式明顯好轉的時候，卻被一些狡詐之徒告黑狀。不僅控告諸葛玄濫殺無辜、

招兵謀反，還說他洩露了豫章的防務機密。

生性多疑的袁術又惱又恨，開始對諸葛玄反感了起來。並且還派使者或是書信多次對諸葛玄訓斥、恫嚇。使得諸葛玄倍感冤枉和失望。

時隔不久，侍御史劉繇手下能征善戰的大將朱皓來攻打豫章。

侍御史劉繇是已故兗州刺史劉岱的弟弟，一向聲望很高，被朝廷下詔任命為揚州刺史。

揚州的治所設在壽春，已被袁術占領，劉繇成了空頭刺史，只好另做打算，率兵進攻江南各郡，企圖搶奪立足之地。誰知在糟江，受到了吳景和孫策的抵抗。

孫策領兵過江後，得到了丹陽太守周尚及侄子周瑜的支持，先在糟江，打敗了劉繇的部將樊能、張英。又在曲阿擊敗了劉繇的主力部隊。

劉繇逃到丹徒，受孫策的聲威震動，劉繇又想從丹徒逃往會稽郡，謀士許劭勸阻他先攻取豫章。劉繇聽從了許劭的勸阻，他任命心腹大將朱皓為豫章郡太守，帶兵 3 萬餘人攻打豫章。屯兵彭澤後，又派從秣陵投靠自己的管融夫援助朱皓。劉繇本人則率兵去搶占豫章的外圍城鎮。

朱皓的前鋒部隊已逼近城北沙嶺，被諸葛子青部隊擋住。而尾隨其後的管融卻率兵向城南青雲譜方向集結，對豫章形成了夾攻之勢。

朱皓是劉繇手下一名能征善戰的大將，此人身高 9 尺，黑紅臉膛，眉如利劍。跨騎寶馬花斑豹，手提開山大斧，有萬夫難擋之勇。

在沙嶺和諸葛子青交鋒了幾陣，因諸葛子青神出鬼沒，加之豫章兵拚命防守，朱皓也沒有占到多少便宜。但由於朱皓人馬眾多，使諸葛子青在防守時感到吃力。

最後，由於叛敵的軍官洩露機密，使得豫章的防守形勢急轉直下。沙嶺失守，諸葛子青也身受重傷。

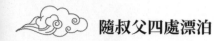

　　雖然最後豫章的百姓同仇敵愾，積極參與了禦敵當中，但是在堅守
19 天之後，豫章北門被朱皓率兵攻破。在一片刀光火海之中，諸葛子青
護著諸葛玄、諸葛亮等家人衝出了西門。

襄陽棲身上學堂

漢獻帝興平二年，諸葛亮兄弟姊妹一行從水路到達荊州的首府襄陽。碧綠的漢水，在船舷邊激起歡騰浪花，笑迎著遠道而來的一葉小舟。青青峴嶺，敞開寬廣胸懷，擁抱著風塵僕僕的他鄉遊子。

數年來，輾轉流離的諸葛亮，見到的多是刀光劍影、餓殍流民，聽到多是殺聲吶喊、呻吟歎息。進入荊州，他彷彿置身另一個世界。

荊州治所襄陽被稱為「水陸之衝」，跨連荊豫，控扼南北，自古以來，為天下重地。

這裡南北東西水陸交通極為便利，陸路由襄陽往北，經新野、南陽，可至京都洛陽。這是一條貫通南北的主要通道。

從水路來說，發源於陝西漢中地區的沔水，流經襄陽、樊城，成為陝、鄂間的主要交通動脈。由襄陽沿沔水南下可達夏口，沿長江東下可直達揚州，溯長江西上可通梁、益兩州。

這裡沒有連年不斷的兵燹，沒有你爭我奪的攻伐，沒有斷壁殘垣的墟邑，沒有屍橫遍野的慘狀。平和，安寧，富庶，這是諸葛亮進入荊州所留下的第一印象。

襄陽城更是熱鬧非凡，這裡店舖酒樓，鱗次櫛比；綾羅綢緞，耀眼奪目；花草果品，香飄遐邇。這裡商舖都是生意興隆，客商雲集。

這不由得讓諸葛亮想起了自己的家鄉。那裡也曾有過像這裡一樣的寧靜。然而，殘酷的戰亂使得他們一家不得不分散流離。

如今，遠在家鄉的哥哥和繼母不知怎樣了？這幾年的流離輾轉，看到了許多血和淚，許多拼和殺，許多在死亡線上掙扎的生命。

諸葛亮對荊州的感受無疑是美好的，他對荊州的熱愛之情油然而生。此時的荊州，正值它歷史上一個極度輝煌的時期。

漢靈帝中平五年，在黃巾起義軍的打擊下，東漢政權已無力對全國進行有效的控制。

當時，任荊州刺史的是一個名叫王睿的人。這個王睿雖身為一州的行政長官，但與下屬孫堅、曹寅的關係很緊張，又無政治才能，這決定了王睿不可能在荊州刺史任上坐得很久。

漢獻帝初平元年，一場醞釀許久的兵變終於在荊州發生了。武陵太守曹寅聽說王睿要殺掉自己，便先下手為強。以朝廷按行使者的名義寫了一個列舉王睿罪狀的檄文，送到長沙太守孫堅手裡，要求孫堅接到檄文後收斬王睿。

這正好給孫堅誅除王睿提供了一個絕好機會。孫堅接到檄文後，立即帶兵殺奔州治，表面上卻裝作兵士勞苦，以求「賞資」為名。

當王睿發現孫堅也在求賞兵眾時，立即覺得事情不妙，他驚奇地問：「眾兵士前來求賞，孫府君為何也在其中？」

孫堅答：「我奉使者檄書前來誅君。」王睿知道自己再無生存的可能，便吞金而死。

接替王睿任荊州刺史的，是在荊州的劉表。

劉表，字景升，是漢朝皇室後裔。東漢末期，他與士人一起縱橫談論，成為黨人領袖之一。黨錮之禍起，劉表終日東躲西藏，逃避了朝廷的緝拿。直到黨錮之禁解除後，他才敢拋頭露面，被大將軍何進提拔為屬官。

劉表初到荊州時，這裡並不十分安定。當時，袁術已占領南陽，屯兵魯陽縣。扼守荊州、豫州交通要道的魯陽關，就在魯陽的西南。袁術屯兵魯陽，無異於扼住了荊、豫間的咽喉。在荊州內部，長沙太守蘇代、華容

長各自「擁兵作亂」。更為嚴重的是，州內的一些宗族首領也紛紛聚族起事，不服州郡治理。

與曹操、孫權、劉備等人相比，劉表沒有他們以天下為己任的雄才大略，但他安定、治理一方，在當時卻是成就斐然。他單人匹馬進入宜城縣，立即請荊州蒯良、蒯越、蔡瑁等人商議大事。

眾人看劉表態度誠懇，言行謙恭，願意為其效勞。蒯越向其獻了剿撫並用、兵集眾附、南據江陵、北守襄陽的計策。

劉表照計而行，他設下「鴻門宴」，以官職為誘餌，把為亂四方的盜賊和義軍頭子騙到宜城，酒宴期間，劉表摔杯為號，蔡瑁率領數百名壯士衝進客廳，把眾頭領全都殺死。把他們的部眾收編。接著又派蒯越、龐季兩人前往襄陽，勸說占據那裡的張虎、陳生投降。

不久，劉表將州治從漢壽遷到襄陽。各地聞劉表威名，紛紛歸附，江南四郡很快安定。至此，長沙、零陵、桂陽、江夏、武陵、南郡、章陵等郡基本平定。

初平二年，袁術果然派孫堅進擊荊州。劉表派部將黃祖迎戰，雙方在樊城、鄧縣一帶展開戰鬥。孫堅擊敗黃祖，進圍襄陽。劉表又派黃祖夜襲孫堅，再次被孫堅打敗。黃祖敗走峴山，孫堅乘勝追擊。

夜色中，埋伏在竹林中的黃祖士兵用箭射殺孫堅，結果黃祖軍轉敗為勝。自從這次戰鬥以後，袁術領教了荊州的厲害，不敢對荊州輕舉妄動。荊州的北部得到了鞏固。

荊州形勢基本穩定之後，劉表使實行一系列所謂仁義之舉，以獲荊州的進一步穩定。

東漢時，就豪強勢力而言，襄陽仍是僅次於漢開國皇帝劉秀家鄉的地方。東漢末年，襄陽地區較著名的豪族有龐、黃、蔡、蒯、馬、習、楊等

多家，劉表任荊州刺史後，便積極與當地的大族名人結好。

蒯氏兄弟幫助劉表立足荊州。此外，他還與蔡家聯姻，娶蔡瑁之姊蔡氏為妻。襄陽人龐德公是當地的大名士，一直隱居於峴山之南，劉表親自前去拜請。

漢獻帝建安三年，長沙太守張羨率零陵、桂陽三郡反叛劉表，而煽動這次反叛的一個重要人物就是長沙人桓階。桓階的父親桓勝，桓氏在當地也是名族。劉表在堅決鎮壓了張羨的反叛後，對桓階卻顯得特別寬容。他不但徵召桓階為從事祭酒，還要把妻妹蔡氏嫁給他，與他結成連襟。

自從初平元年任荊州刺史以後，經過短短七八年的努力，劉表統治下的荊州地區的強盛與安定，有利於經濟的發展。這時的荊州，已成為一個安定、富庶的地區。

在漢獻帝興平元年，衛將軍董承回洛陽整修被董卓焚壞的宮室，準備迎獻帝返京。當時朝廷經濟凋敝，財力俱缺，太僕趙岐便對董承說：「今海內分崩，唯有荊州境廣地勝，西通巴蜀，南當交趾，年谷獨登，兵人差全。岐雖迫大命，猶志報國家，欲自乘牛車，南說劉表，可使其身自將兵來衛朝廷，與將軍並心同力，共襄王室。此安上救人之策也。」

董承立即派遣趙岐前往荊州。趙岐見到劉表，傳達朝廷旨意，劉表立即派兵到洛陽助修宮室，「軍資委輸，前後不絕」。

從趙岐對荊州的評述，以及劉表在助修宮室中的表現，可以看到荊州的富足。

如果把荊州比作一個車輪的軸心，四川、甘肅、陝西、山西、河南、河北、山東等地就都有人在向這個軸心輻輳。

人們湧向荊州，無非有三個目的。第一是避亂求生，第二是暫棲此地以求將來的發展，第三是求得文化方面的學習與進取。荊州地區的富庶與

安寧毫無疑問能滿足人們前兩項需要，而荊州地區良好的教育和學術氣氛，又為第三種需要提供了優良的環境。

荊州地區有當時最繁榮興盛的教育，這首先要得益於荊州刺史劉表的提倡。

作為一州的最高首領，劉表在荊州基本安定之後，能廣開學校，親自主持儀式，獎勵學者，整理古籍，這無疑會大大地促進教育和文化的發展。

當時中國北方軍閥混戰，烽火連天，安定富庶的荊州對於欲避戰亂之人具有磁石吸鐵般的力量。僅關中地區，遭遇荒亂的百姓流入荊州者便有10萬餘家，其他地區的流民進入荊州者當也不在少數。

在大批流民當中，有很多是當世的知名士人和學者。史載「關西、兗、豫學士歸者蓋有千數，士之避亂荊州者，皆海內之俊傑也」。

劉表「起立學校，博求儒術」，對依附的士人「安慰賑贍，皆得資全」。劉表任荊州刺史期間，前來荊州客居的知名士人和學者不計其數，這裡略舉數例，以窺其大概。除大力提倡教育外，劉表還任用了一大批知名學者主持文化教育工作。

南陽人宋忠，是當時有名的古文經學家，其名氣與鄭玄不相上下，劉表任命他為五業從事。零陵人劉先，「博學強識，尤好黃老言，明習漢家典故」，被劉表任用為別駕。

義陽人韓嵩，荊楚有名望之人，被劉表任為從事中郎。大音樂家杜夔到荊州後，劉表讓他與孟曜一起整理漢朝的雅樂。才華橫溢的禰衡，受到劉表的禮待，「文章言議，非衡不定」。

劉表大力提倡文化教育以及重視文士儒者的做法，使得荊州的文化教育事業得到了遠遠超出其他地區的發展。

除官立學校之外，荊州的私學也很興盛，司馬徽、龐德公、楊慮、穎容等人都是當時有名的私學開辦者。

王粲對劉表在政治上的作為並不是很滿意，然而他在談到荊州的文化教育時卻充滿了讚美之情，說劉表重視文化教育，這充分反映了荊州地區文化教育事業的興盛。

諸葛亮到達荊州的時間，正是這裡政治、經濟、文化教育等方面逐步復興的時候。

諸葛亮在荊州居住 10 多年，正是這裡社會安寧、經濟富庶、文教發展的黃金時期。社會安寧，為他提供了讀書、思考的優良環境；經濟富庶，為他提供了充足的衣食之源；文教發展，為他提供了接觸各類名人掌握各種訊息，以及提高文化素養的良好條件。

可以說，富庶、安寧、文教發展的荊州，乃是這位千秋名相成長的搖籃。

襄陽城南約兩公里的地方，有一所「學業堂」。每天，人們都能在這裡聽到瑯瑯的讀書聲，都能看到莘莘學子研習探討的情景。這是一所劉表倡辦的官學，來此就讀者，或者是鴻生大儒，或者是州郡官吏的子弟。

諸葛亮來到襄陽不久之後，就來到這裡讀書習字。這所學堂不是什麼人都可以進入，諸葛亮來此學習，是他叔叔諸葛玄苦心安排的。

諸葛玄跟劉表是同窗好友，但是諸葛玄曾經是袁術的舊吏，劉表非常地憎恨袁術、孫堅，所以並沒有給諸葛玄封官，而給諸葛亮一家購了一座宅子居住。

諸葛玄一家在襄陽城西安家後，由於得到劉表的接濟，日子過得也很好。諸葛玄利用閒暇時間，或和諸葛子青等練武比劍，或是訪賢拜友，結交朋友。並且將諸葛亮和諸葛均送到了學業堂裡面上學。

學業堂在襄陽城南，沔水之畔，綠樹掩映的山腳下，幾排白牆藍瓦式的房舍。

在這裡就學的，大多是當地有名望的官紳子弟和從關西、豫州等地避難來的有志青年。其中有劉表前妻所生的兒子劉琦，襄陽人龐統、馬良以及崔州平、孟公成、徐庶等人也在此讀過書。

學堂裡的教師，有教養和水平很高的學者、俊傑，也有的是荊州頗有名望的人物。如司馬徽、黃承彥、宋忠、綦母闓、顓容等，論學問可謂是滿腹經綸，在國內屈指可數。

除了他們之外，還有第一流的書法家梁鵠，前宮廷雅樂郎、音樂家杜夔，儒學大師邯鄲淳、隱禧等。

安定即今甘肅鎮原東南人梁鵠是當時著名的書法家，師承於靈帝時的師宜官。師宜官的書法堪稱當世之冠，梁鵠在書法上卓有成就，「魏宮殿題署，皆鵠書也」。

河內溫縣即今河南溫縣西南人司馬芝。司馬芝是曹魏名臣，以忠貞剛正著稱。他在任職於曹魏政權以前，在荊州居住 10 多年。

京兆即今陝西西安西北人隗禧，自幼好學，是三國時期曹魏政權中的著名學者，與同時人董遇、賈洪、邯鄲淳、薛夏、蘇林、樂詳等人並稱儒宗。

潁川即今河南禹縣人徐庶、石廣元，兩人到荊州後，與諸葛亮關係一直很密切。

徐庶先為劉備謀士，後入魏為御史中丞。石廣元後仕魏，歷任郡太守、典農校尉。

京兆人杜畿是漢朝御史大夫杜延年的後代。他在未客居荊州前，曾任過縣令、府丞，政績頗佳。後來，在曹魏任河東即今山西夏縣西北太守，治績「常為天下最」。

山陽高平即今山東微山西北人王粲，是三國曹魏著名的「建安七子」之一，他在文學上的成就不僅著稱於當時，在我國文學史上也有一定的地位。

潁川人邯鄲淳在當時也以文學著稱，史稱他「博學有才章，又善《蒼》、《雅》、蟲、篆、《許氏》、《字指》」，是一位學問廣博之人。

汝南西平即今河南西平西人和洽，在漢末不受征辟，避亂入荊州。

後來，和洽仕曹魏，先後任丞相掾屬、侍中、光祿勳，歷曹操、曹丕、曹睿三世，為曹魏重臣。

潁川人杜襲出身潁川名族，他的曾祖杜安，自幼出名，13歲入太學，號為神童。杜襲的祖父即大名鼎鼎的黨人領袖杜根。杜襲後來仕曹魏，曾與和洽、王粲共任侍中，深受曹操重視。

潁川人繁欽、趙儼，二人與杜襲同郡，在荊州時與杜襲「通財同計，合為一家」。後來，趙儼仕曹魏，與同郡人辛毗、陳群、杜襲並知名朝廷，號曰「辛、陳、杜、趙」。

河東聞喜即今山西聞喜人裴潛家「世為著姓」，其父裴茂，靈帝時歷任縣令、郡守、尚書。裴潛在荊州時就被善於知人的傅巽所稱道，後果為曹魏中書令，名德俱顯。

平原般縣即今山東樂陵西南人禰衡，少有辯才，精通音樂，長於辭賦，但為人「尚氣剛傲，好矯時慢物」。他在興平年間到荊州避難，往來於劉表與曹操之間。

珍惜時光勤讀書

　　能夠有個安定的學習環境，能夠認識淵博精深的學者，對諸葛亮的學問提高是難能可貴的條件。

　　他知道這一切與叔父的努力有關，他從心裡感激叔父。他更知道如何才能報答叔父，這就是在這些條件下不斷地努力學習。他拚命地吸吮著知識的乳汁，像個如饑似渴的孩子。

　　在眾多的師長當中，諸葛亮最為欽佩的就是司馬徽和黃承彥兩位老人。

　　司馬徽字德操，是穎川陽翟人。建安元年，龐德公派他18歲的侄子龐統前往穎川陽翟去見司馬徽。

　　經過一番交談，司馬徽嘆道：「德公誠知人，實盛德也。」便隨同龐統來到荊州襄陽城東居住下來。

　　司馬徽善於鑒別人物，但他知道劉表心胸狹隘，所以藏鋒匿芒，處處謹慎。當有人問他某某人怎樣時，司馬徽不論其高下，總是回答一個好字。

　　後來，他的夫人實在看不下去了，便對他說：「別人有疑前來請教，君應幫其分辨。而你總是用一個好字對付，豈不是辜負了請教者的誠意？」

　　司馬徽並不直接回答，只是說：「你的這一番話，也可用一個好字概括。」

　　這位穎川來的名士，很有名士風度。別人丟了一隻豬，前來他家妄認，司馬徽當即把豬給他。

後來，妄認者找到了自己的豬，前來認錯還豬，司馬徽還對他厚詞相謝。

司馬徽好養蠶，有一次蠶快吐絲時，有人前來向他借蠶吐絲用的蔟箔，司馬徽便把自己的蠶丟掉，將蔟箔借給他。

別人對司馬徽的行為不理解，便問他：「一般人犧牲自己幫助別人，是在別人急需而自己有餘力的情況下才這樣做。而現在你和別人都急需，你為什麼還如此呢？」

司馬徽說：「別人輕易不求我，現在來求我卻不答應，會使他難堪。為什麼要因小利而使人難堪呢？」

司馬徽的所作所為，讓人感到他是一個只知讀書不諳世事的書生。劉表聽說司馬徽是個奇士，見到後卻大失所望，說：「世間人為妄語，此直小書生耳。」

其實，司馬徽的謹慎與怪異，有很大成分是出於應付劉表和瞭解新環境，而對於熟人和老朋友，司馬徽則顯得特別的大方親密。

司馬徽也並非像劉表所說是個「小書生」，而是一個大學者。龐德公對司馬徽的認識與劉表絕然不同，他送司馬徽一個雅號「水鏡先生」，誇他學問淵博，有知人之鑒。事實上確是如此。

據說龐統第一次去穎川見司馬徽時，正遇上他身背籮筐，準備去採桑。

龐統想試試司馬徽的學問，便從車中探出頭來，問道：「來者可是司馬先生？」

「正是。」司馬徽答道。

龐統說：「我有一個問題想向先生請教。我聽說丈夫處世，當帶金佩紫，怎能夠屈洪流之量，卻幹些織婦之事？」

司馬徽見問，知道對方也不是凡庸之輩，便說：「你先從車上下

來。」

等龐統下車之後，司馬徽便開始給他上課：「你只知道小路近捷，卻不想會有迷路的危險。想當初伯成耦耕，不慕諸侯之榮；原憲桑樞，不易有官之宅。何有坐則華屋，行則肥馬，侍女數十，然後為奇？此乃許、父所以慷慨，夷、齊所以長嘆，雖有竊秦之爵，千駟之富，不足貴也。」

司馬徽這番話，不但闡明了自己關於富貴的觀點，而且句句都有歷史典故。他說的伯成，是堯舜時的伯成子高，後來禹坐天下，他便辭官回家種田。

他說的原憲，是春秋時宋人，孔子的弟子。此人生活十分貧困，但始終學而不輟。他說的許、父、夷、齊，即許由、巢父、伯夷、叔齊，都是古代不求富貴的隱士。

他說的「竊秦之爵」，指的是呂不韋。此人曾利用手中的財富，幫助秦太子子楚回國登位，被封官賜爵。

他說的「千駟之富」，指的是春秋時的齊景公，據說他有馬千匹，但無使民稱頌的德政。

龐統聽了司馬徽這番話，對他的學問和見識都佩服得五體投地，說道：「我生在邊野之地，少見大義之人。如果今天不來叩洪鐘、擂響鼓，便不能領教其聲音的洪亮。」

說完，便步行隨司馬徽來到郊外採桑，二人一個在樹上采，一個在樹下裝，邊采邊談，一直聊到深夜。

司馬徽不但有學問，而且還是荊州地區古文經學的領袖人物。司馬徽到荊州以後和劉表身邊的宋忠一起授經講學。

宋忠是當時與古文經學大師鄭玄齊名的學者，他與鄭玄雖同是古文經學的宗師，但兩人的治學方法和特點又有所差異。宋忠和司馬徽教出的學生李仁、尹默、王肅等都「依準賈、馬，異於鄭玄」。

這就反映了宋忠、司馬徽的學問與鄭玄確有區別，這種區別大致體現在兩個方面。第一，宋忠、司馬徽的學問簡約，而鄭玄的學問深蕪。總的說來，東漢時的古文經學要比今文經學簡約得多，正因為如此，鄭玄的古文經學在東漢末期占了上風。

但鄭玄學通今古各經，他的古文經學中吸取了一些今文經的內容及觀點。

而宋忠等所撰寫的《五經章句》，在當時被稱為「後定」之學，鮮受今文經學影響，因而與鄭玄是不同的。

在南北朝時，宋忠、司馬徽的學生王肅所註的《周易》在南方流行，鄭玄註的《周易》在北方流行。

司馬徽治學簡約、學以致用的學風，對諸葛亮是有深刻影響的。歷史記載諸葛亮讀書，不是「務於精熟」，而是「獨觀其大略」。

這不能理解為諸葛亮讀書粗疏，而是說明了他在讀書時比一般人多花了分析綜合，從中抽象出最本質東西的功夫。

這種提綱挈領、化繁為簡的本事，正是諸葛亮把治學簡約的學風用於讀書的最好說明。諸葛亮讀書注重領會精神實質，正是出於思考、解決現實問題的需要，因為只有最普遍、最抽象的道理，對理解現實具體問題才有理論的指導意義。

諸葛亮的《論諸子》，很能體現他學以致用的現實主義風格，其中寫道：

老子長於養性，不可以臨危難。商鞅長於理法，不可以從教化。蘇、張長於馳辭，不可以結盟誓。白起長於攻取，不可以廣眾。子胥長於圖敵，不可以謀身。尾生長於守信，不可以應變。王嘉長於遇明君，不可以事暗主。許子將長於明臧否，不可以養人物。此任長之術者也。

這裡，諸葛亮對各家理論與經驗的評判，完全是以其在現實生活中的作用來分其短長的。

在當時，諸葛亮學習刻苦，勤於用腦，不但司馬徽賞識，連司馬徽的妻子對他也很器重，都喜歡這個勤奮好學，善於用腦子的少年。

那時，還沒有鐘錶，計時用日晷，遇到陰雨天沒有太陽。時間就不好掌握了。為了計時，司馬徽訓練公雞按時鳴叫，辦法就是定時餵食。諸葛亮天資聰穎，司馬先生講的東西，他一聽便會。

為了學到更多的東西，諸葛亮想讓先生把講課的時間延長一些，但先生總是以雞鳴叫為準。於是諸葛亮想若把公雞鳴叫的時間延長，先生講課的時間也就延長了。於是，諸葛亮上學時就帶些糧食裝在口袋裡，估計雞快叫的時候，就餵它一點糧食，雞一吃飽就不叫了。

過了一些時候，司馬先生感到奇怪，為什麼雞不按時叫了呢？經過細心觀察，發現諸葛亮在雞快叫時給雞餵食。

司馬先生在上課時，就問學生，雞為什麼不按時叫鳴？其他學生都摸不著頭腦。

諸葛亮心裡明白，可他是個誠實的人，就如實地把雞快叫的時候餵食來延長老師授課時間的事，如實報告了司馬先生。

司馬先生很生氣，當場就把他的書燒了，不讓他繼續讀書了。

諸葛亮求學心切，不能讀書怎麼得了，可又不能硬來，便去求司馬夫人。司馬夫人聽了諸葛亮餵雞求學遭罰之事深表同情，就向司馬先生說情。

司馬先生說：「小小年紀不在功課上用功夫，倒使心術欺矇老師。這是心術不正，此人不可造就。」

司馬夫人反覆替諸葛亮說情，說他小小年紀，雖用了點心眼，但總是為了多學點東西，並沒有他圖。司馬先生聽後覺得有理，便同意諸葛亮繼續讀書。

諸葛亮敬重的另外一個老師黃承彥，則是襄陽名士蔡諷的長女婿。黃承彥是沔南白水人，是東漢末年的名士。他與荊州牧劉表是連襟，與龐德公、司馬徽是志同道合的摯友。他經常聽到龐德公、司馬徽講諸葛亮人小志大、機敏聰穎、才華出眾、舉世無雙，是很有作為的少年，便想找個機會考考諸葛亮的才智。

有一天，黃承彥在湖北襄陽城外，扮成算命先生，擺了個小小的卦攤，幫路人算命看相。古襄陽城南門外，是諸葛亮少年上學、放學必經之地。

那天，諸葛亮路經小卦攤時，見許多人圍著一個老者看卦。老者口若懸河，侃侃而談，聽者凝神屏息，全神貫注。諸葛亮很奇怪，走近一看，原來是一個算命先生正在天南地北、海闊天空地調侃。

黃承彥見諸葛亮走來，便要給他算一卦。

諸葛亮說：「好！不過我有點小事，出去一下，馬上就來請您老算一卦。」諸葛亮背著書包，忙來到城牆附近的一小荷塘，順手捉了一隻小青蛙，跑來對黃承彥說：「老先生，請您給我算一算，我手中捏的這只小青蛙，是死的，還是活的？」

黃承彥聞言大吃一驚，繼而又一喜。圍觀者均不知其中奧秘。黃承彥暗暗想到，此人小小年紀，已掌生死之權，果真了不起。我若說小青蛙是活的，他手一捏，小青蛙便會死掉；我若說小青蛙是死的，他手一鬆，小青蛙就會蹦跳到地上。黃承彥手拈鬍鬚，思考片刻，提筆寫了4個字給諸葛亮，然後挑起卦攤走了。

諸葛亮見老先生笑嘻嘻走後，便打開紙條一看，上面4個字是「生死由你」。

後來，黃承彥接受了諸葛亮這個學生，和龐德公、司馬徽共同傳教於他。

黃承彥和劉表有很近的關係，可他為人剛直，不願攀龍附鳳，多次拒絕劉表封的高官厚祿，甘願清貧度日，在學業堂裡教書育人。

　　諸葛亮踏進了設在襄陽城南兩公里、峴山腳下的學業堂。他望著這個依山傍水、綠樹成蔭、環境幽雅的學堂，認定是個十分適宜讀書的好地方，便暗暗下定決心，要成為學堂裡最出類拔萃的學生。

　　寒窗苦讀的生活開始了。每天清晨，雄雞報曉後，諸葛亮便叫醒弟弟諸葛均，一同到峴山上去學習。這很快被細心的老師黃承彥知道了，便號召學生們向諸葛亮兄弟倆學習，並把晨讀作為學業堂的一項制度規定下來。從此，學風為之一新，人們每天老遠就能聽到從峴山頂上傳來的瑯瑯的讀書聲。

　　諸葛亮讀書的方法很特殊，不像一般的學生那樣死記硬背，而是觀其大略，記其精粹，有過目不忘的能力。如要吟詩作賦，命題一出，諸葛亮便能即席而起，信口而出，並且文簡意明，高雅雋永，字字句句都能表明他是一個文思敏捷、才華橫溢的少年。

　　更使黃承彥驚異的是，這個平日沉默寡言、喜怒從不外露的諸葛亮，竟不顧劉表獨尊儒術的三令五申，在夜深人靜之時，如饑似渴地攻讀諸子百家的著作。

　　黃承彥非常喜歡諸葛亮的俊逸軒昂、聰慧敏悟。除在課堂裡傳授儒家的經典著作外，還經常把諸葛亮喚到自己屋裡，向其講解三皇五帝乃至歷代王朝的興衰更替歷史，講述前朝古代政治家、軍事家、思想家、科學家們驚天動地、光照千秋的英雄業績，啟發諸葛亮樹立宏大的抱負和鍥而不捨的進取精神，立志為國家、為黎民幹出一番事業。

　　在老師們的關懷指導下，年輕的諸葛亮廢寢忘食，刻苦地攻讀詩書經文，學習治國之策。

　　珍惜韶華之年，多學各種知識，這是諸葛亮立下的規定。

讀書隴耕隱隆中

建安二年正月，寒風陣陣襲來，令人有刺骨之感。

然而，使諸葛亮更加心寒悲傷的是叔父諸葛玄的去世。

從 8 歲至 17 歲期間裡，叔父與諸葛亮在家庭關繫上是叔侄，在感情世界裡卻是父子。

龐德公、司馬徽、龐統等人聽到了這件事，紛紛來安慰諸葛亮。師友們的勸慰，使諸葛亮漸漸從悲痛中解脫出來。此時的諸葛亮畢竟不是只知道悲痛的 8 歲孩子，而是一個有學識、有閱歷、有思想的 17 歲的青年了。

怎樣安排今後的日子呢？家鄉是不能回去了。諸葛亮不願意回到家鄉，不僅是因為家鄉依然戰亂不已，也不僅是兩個姐姐在荊州已有婆家，還有一個更重要的原因，就是為了叔叔的夙願。

他知道叔叔希望自己學有所成，將來有所作為。而荊州地區環境安寧，消息靈通，交通便利，教育發達，人才濟濟，顯然比戰亂紛飛的家鄉更適合於學習和發展。

諸葛玄死後，劉表在峴山下為他立了衣冠塚，一面安撫諸葛亮一家，一面表示願意把諸葛亮留在身邊做事。諸葛亮當即回絕了他，使劉表大為惱火。

不寄劉表籬下，學業堂自然也就上不成了。他曾打算帶著弟弟回山東老家去，不料他的一批朋友卻竭力勸阻和挽留，經過一番考慮，諸葛亮打消了回山東的念頭，決定遠離這喧囂的城市。

到什麼地方去呢？諸葛亮來請伯父龐德公指路。龐德公認為劉表雖然不可依，但荊州這塊地方尚可保持 10 年之內的安寧，倒是求學煉志者的

一個難得的地方。

在襄陽城西 20 多公里的地方有一個小山村。這裡山巒起伏，山谷幽深。眾山巒之中，最高的主峰恰好居中，因此稱之為隆中山。

山村也因山得名，稱為隆中。隆中山起伏盤旋，勢若蟠龍。另一座大旗山與之隔谷相望，它一頭高昂，一頭緩緩下垂，像只臥虎。這裡林木茂密，修竹叠翠，泉水潺潺，池塘清澈，是修身養性、靜心讀書的好地方。

在當時，隆中雖屬南陽鄧縣管轄，但它遠離戰亂紛擾的南陽郡治，靠近安定富庶的襄陽。

龐德公是襄陽地區德高望重的名士。他多次拒絕劉表讓他出來當官的邀請，認為在亂世當中確保自身與子孫安全的方法不是出仕，而是退隱。這種思想對諸葛亮產生了一定的影響。

諸葛亮的一個姐姐就嫁給了龐德公的兒子龐山民。諸葛亮曾決心拜伯父為師，做一個有志氣的男子漢。

龐德公聽了諸葛亮的心願，沒有說行或不行，只是把兒子叫到跟前：「民兒，帶你內弟到南山打柴去吧！」說罷，便轉身入室。

龐山民拿著扁擔、斧頭，站在諸葛亮面前也不說話，只是用眼睛盯住他，好像在說：「你看怎麼辦呢？小兄弟。」

諸葛亮高高興興地跟著姐夫到南山上砍柴去了。

這一天，可把諸葛亮苦透了，累渴餓，他咬著牙頂過來，而且手腳都磨出了血泡，痛得他幾夜都不得安寧，但他卻始終沒哼一聲。

不久，諸葛亮第二次向龐德公表白求師的心願。龐德公叫來侄兒龐統，指著門前的一塊地對他和諸葛亮說：「清明前後，種瓜種豆，你兄弟兩人今天代老夫把這塊地犁出來吧！」說罷，搬把椅子坐到門外曬太陽去了。

龐統和諸葛亮誰都不會套牛，更別說扶犁了。倆人一合計乾脆用鑯頭

刨！於是，本來一會兒就能犁完的地，他倆卻整整刨了一天，累得不行。

這次，諸葛亮從勞動中悟出了為什麼滿腹經綸的伯父總是躬耕隴畝、注重農桑的道理。

諸葛亮再一次拜見龐德公時，發現他合衣躺在床上，鞋都沒脫。他怕驚動了他，先是恭恭敬敬地站在一邊，後來想到上了歲數的人這樣睡覺容易著涼，於是上前輕輕地給龐德公蓋上被子，又單腿跪在床邊慢慢為他脫掉鞋子。

這回龐德公醒來了，看到諸葛亮不由得心頭一熱，滿意地微微點了點頭，不等諸葛亮開口就帶他來到平時從不讓人進的後院。龐德公在一個周圍堆滿了秦磚的巨大磨石前停下來，然後拿起一塊磚，認真地在磨石上磨了起來。

諸葛亮開始感到莫名其妙，過了一陣發現不遠處有一個非常大的案子，上面整整齊齊地排放著已經磨好的秦磚。他走過去一看，每塊磚上都編了號。

當他拿起「壹」號磚觀看時，奇蹟出現了，只見上面刻著兩個蒼勁有力的漢隸大字「詩經」。諸葛亮的心中驚詫，急忙跪在龐德公面前說道：「師傅請教我！」

龐德公這才語重心長地點頭道：「要做我的學生，就得先學會做人，做人和做學問一樣，是磨煉出來的。」

在龐德公如數家珍的教誨下，諸葛亮開始潛心研究歷史，縱觀上下幾千年的興衰，探索改朝換代的根源、定國安邦的重大問題。

如今，諸葛亮聽了龐德公躬耕南陽的建議，便在好友們的資助下，帶領全家來到了當時還是荒山野嶺的隆中定居，結草為廬，開山為田，開始了他躬耕隴畝、博覽群書、遊學訪友的生活。

由於身不離田間，勤四體，務五穀，諸葛亮很快學會了耕田、種植、壓桑、選種等技術。日曬雨淋，他的臉色由白皙變成了黑紅，加之身穿的是束裳布衣，腳蹬的是線棘麻鞋，他完全成了個農家子弟，被朋友們稱作「布衣諸葛亮」。

　　收穫的季節到了，田野裡散發出了迷人的氣息，田地裡的高粱紅、棉花白、穀子黃、豆角綠，呈現出豐收的景象。

　　諸葛亮和家人忙前跑後，忙著收割、挑運莊稼，腳被高粱稭稈紮流血了，肩膀被扁擔壓得青紅，諸葛亮全然不顧。晚上全身疼得翻來覆去地睡不著覺，但想到即將到手的勞動果實，他從內心裡感到高興。

　　這天一早，太陽還沒出來，諸葛亮兄弟二人已把麥子放倒了一大片。當火辣辣的太陽冒出來時，諸葛均已是滿身大汗。

　　這時，一個老農夫挑著一擔斗笠從躬耕的田邊經過，好奇地望著這兩個年輕人，忍不住叫道：「割麥的小哥，開鐮也不看天氣，今天哪能割麥呀！」

　　諸葛亮聽老農夫這麼一嚷，擡起頭看了看天，然後不解地問道：「老伯，這天氣不是很好嗎？」

　　老農一聽，把這哥倆好生打量了一番，這才說：「今天就是不能割！」

　　兄弟倆相互看了看，問道：「為什麼？」

　　老農夫拍了拍腦袋：「看樣子你們是讀書人。但是農家都知道今天不能割麥，我也說不出為什麼，反正這是農家的規定。今天有雨，信不信由你。」

　　諸葛亮望望霞光萬道的天空，有些迷惑不解，心想這位老伯可是想雨想迷了心竅，大白天說夢話。

老農夫見諸葛亮兄弟並不理會自己的忠告，乾脆把斗笠擔子一放，找個石頭坐下來，衝著諸葛亮說：「老漢我今天就坐在這看你們的好戲，看看你們是不是不聽老人言，吃虧在眼前！」

諸葛亮哈哈地笑了起來，轉身繼續割麥。老農夫見狀，反而坐不住了，走進躬耕田，動手幫他們將割倒的麥子捆起來。就在地裡的麥子快割完時，山裡突然起了風。

老漢忙跑到諸葛亮身邊，焦急地說道：「小夥計，起風了，快跟我把捆好的麥子搬到高處去堆起來！」說罷，抱起捆好的麥子就往高處跑。

諸葛亮看著老農夫那緊張的樣子又好氣又好笑。

這時風緊了，霎時，烏雲滾滾而來，一道閃電劃過，雷聲四起，接著瓢潑大雨傾空而下。諸葛亮還沒反應過來，大雨已把他淋了個透。

不一會兒，山洪衝了下來，把諸葛亮兄弟二人割倒而老農夫還沒來得及捆綁的麥子衝了個一乾二淨。

諸葛亮目瞪口呆地站在田裡，羞愧得無地自容。他想起了孔子關於「吾不如老農」「三人行必有我師」的教導。這才恍然大悟，忙來到老農夫面前，長揖施禮道：「請老伯教我！」

老農夫嘆口氣道：「這只不過是我們這裡傳下來的千年農諺中的一句，『早上放霞，等水澆茶』，是說一定有大雨。『晚上放霞，乾死蛤蟆』，就必定是百靈百驗斷定明天是好天氣的方法。」

諸葛亮聽罷驚異地說：「沒想到農諺還有這麼大的學問！老伯，弟子就拜您為師了！」

從此，諸葛亮便經常向這位老農夫求教學習，老農夫還經常把他帶到懂得農諺更多的農夫那裡學習。

不久諸葛亮就記了一大本農諺，這又逐漸打開了他研究天文地理的通

路。這些知識，在諸葛亮日後的赤壁大戰中的「借東風」，以及「草船借箭」等，都造成了重要的作用。

隆中不僅有清秀的山水，而且有適於耕種的良田。清幽的環境，給諸葛亮一個輕鬆寧謐的心境，他除了平時參加田間的耕作外，大部分時間都用在學習上。

讀書自然是一種學習，伴著草屋稻草的幽香，伴著跳動閃耀的燭火，諸葛亮常常苦讀至深夜。

向同輩朋友學習，是諸葛亮獲得知識、增進學業的又一途徑。諸葛亮在荊州有許多同學好友，最著名者有博陵人崔州平，潁川人徐庶、石韜，汝南人孟建，襄陽人龐統、馬良等。崔州平是官宦子弟。龐統是襄陽名人。

馬良也以才學顯名鄉里，是馬氏兄弟五人中才學最高者。因其眉間有白毛，所以鄉里有一首諺語說：「馬氏五常，白眉最良。」

孟建、石韜、徐庶都曾與諸葛亮遊學於荊州。

特別是徐庶，出身貧寒，少好任俠擊劍，曾因為人報仇而被捉受辱，此後便決心棄絕刀戟，折節學問，終於「聽習經業，義理精熟」，後來在荊州一見到劉備，便受到劉備的器重。

可見諸葛亮的朋友，都是些學有所成、才華出眾的青年。諸葛亮隆中隱居時，仍和他們經常來往，一起交流思想，切磋學問，取長補短，共同提高。

向書本學習，向師友學習，向社會學習，諸葛亮以極大的努力通過各種途徑汲取著一切可能學到的知識。

然而，諸葛亮並不想做一個學富五車的學者，不想當皓首窮經的儒生，他有更加遠大的志向和人生目標。

在隆中的幾年，是年輕的諸葛亮超群智慧的積累期，也是他靜觀天下之變而在思想上逐漸成熟起來的時期。

在幽靜的環境中，他日日下田親種，餘暇則於草屋中掩門讀書，抱膝長吟，毫無拘束、自然淳樸的山林生活倒也使他悠然自得，樂得與這田園野趣朝夕相隨。

時而有朋友來了，則相聚茅舍，縱論天下，恰似一條臥龍要騰空而去；時而興致來了，則盤足撫琴，讓琴聲帶著情思隨那山風林濤飄向遠方。

對於春秋時期的大軍事家孫武的名著《孫子兵法》，諸葛亮已經潛心研究不知多少遍了。它言簡意賅，彙集了一切軍事戰爭的戰略戰術。自從好友徐庶給他送來曹操新註的《孫子兵法》後，諸葛亮認識到大千世界的確是天外有天，人外有人，自己不過是一隻井底之蛙。

夜深了，諸葛亮手上拿著兵書苦思冥想。案上擺著幾天前他和徐庶下的一盤棋，這是一個雙方都無法將對方將死的殘局，他一有空就反覆思索、分析。兵書迷住了諸葛亮，他可以倒背如流。之後他又開始推演陣法。

諸葛亮曾將自己批註的《孫子兵法》和繪製的陣圖呈給龐德公看。

龐德公說：「兵不在多而在精。對於兵法，一個人學精了就可以教成十個人；十個人學了就可以教成百人，百人教千人，千人教萬人。這樣的軍隊就一定比那百萬之師的烏合之眾強得多。蓋天下古今之戰，莫過如步戰、騎戰、車戰、舟戰、夜戰、晝戰、威戰、驕戰、賞戰、罰戰、實戰、虛戰、山戰、地戰、雨戰、雪戰、進戰、退戰、火戰、水戰、分戰、合戰、遠戰、近戰、緩戰、速戰等不可勝數。能達縱橫捭闔之妙，貴在一個變字。然萬變不離其宗，其妙全在計、謀兩字。」

諸葛亮虛心地求問，他的求知精神終於使龐德公將自己花了半生時間研究兵法的成果，從八卦到八陣的推演的八陣圖本交給了諸葛亮，他希望諸葛亮能夠據此推演出完善的八陣圖本。他甚至沒有將自己的成果傳給親生的兒子，這令諸葛亮萬分感動，決心不負龐德公的巨大希望。

　　一日，龐德公、黃承彥、司馬徽三老聚會，談到了汝南靈山的酈公玖，此人曾預言，百年之內，必是兵家此起彼落的時代。他們打算請酈公玖助諸葛亮一臂之力。

　　諸葛亮一路風塵趕到了汝南靈山。酈公玖年事已高，正在閉目養神，對諸葛亮道：「老夫這裡是道家清靜之地，一向不收學生，你如願在靈山打柴挑水度日，尚可溫飽無憂，要求學問，還是到別處去吧！不要誤了錦繡前程。」

　　諸葛亮一下落到進退兩難的地步。

　　這時酈公玖又說話了：「靈山雖小，倒也清靜安定，不似塵世紛紛攘攘。打柴挑水雖說勞筋動骨，卻可健身強體。考慮好了嗎！臥龍先生？」

　　聽到此言，諸葛亮不由倒吸了一口涼氣。老先生說出「臥龍先生」4個字，份量可不輕。諸葛亮想老先生一定是想先觀察自己，忙磕頭道：「謝老前輩收留。」

　　自此，諸葛亮早起在靈山砍柴挑水，打掃山門，晚睡在小室中溫故知新，日月交迭，半年過去了。酈公玖對諸葛亮從來不管不問，視而不見。

　　一天，諸葛亮打柴歸來，見山門右邊牆上寫了一個斗大的「火」字，他沒有在意。待他挑水回來，山門左邊牆上又出現了一個斗大的「水」字，這下引起了他的注意。

　　從此，他每天對著火、水兩字出神，想把它們寫在山門上的意思弄明白。這天，他正對著兩字思索時，忽聽到背後有人道：「這叫視而不見，

見而不聞、不問，兵家之大忌也！」

諸葛亮猛地回轉身來，見是酆公玖，忙拜倒在地說：「弟子才疏學淺，望恩師賜教！」

酆公玖哈哈大笑道：「老夫被你的誠意與恒心打動，有意助你水、火二陣融於八陣圖中。起來吧！從今日起就不要再打柴、挑水了，咱們抓緊時間做學問。」

說罷，雙手扶起了諸葛亮。

酆公玖對諸葛亮說：「水與火，每日常見之物，卻不為人們所思。水火無情，且不相容。你若把無情而又為人們視而不見的水與火融於八陣圖中，水可淹七軍，火可燒萬馬千軍。八陣添水、火即成絕陣，那便無敵於天下。」

酆公玖非常賞識諸葛亮，將自己一生所著《三才秘錄》、《兵法陣圖》、《孤虛相旺》、《大戰奇觀》等都贈予諸葛亮。

諸葛亮接到《三才秘錄》、《兵法陣圖》、《孤虛相旺》等書後對這些書仔細研讀，細心揣摩，終於心領神會，融會貫通了。可以說，諸葛亮後來在各類戰爭中深不可測的謀略，在很大程度上來源於他早年的這段閱歷。

不久，諸葛亮便將水、火二陣發展到出神入化的地步。他一生用火陣打了許多漂亮仗，如火燒博望、火燒新野、火燒戰船、火燒藤甲兵。難怪後人讚諸葛亮一生皆是火。

情投意合娶阿醜

諸葛亮娶黃氏醜女為妻之事，既見之於史籍所載，又為民間所廣泛流傳。但是，卻很少有人探討他娶醜女為妻的原因。

諸葛亮娶黃承彥之醜女「黃阿醜」為妻的故事，正史《三國志·諸葛亮傳》未載，見於裴松之註引《襄陽記》。

大意是沔南名士黃承彥對諸葛亮說：「聞君擇婦，家有醜女，黃頭黑色，而才堪相配，足下以為如何？」

諸葛亮一聽，喜出望外，當即答應，隨即就用車子去沔南把阿醜姑娘接了回來。

像諸葛亮那樣已被當地名士們公認為才貌雙全的青年，竟選擇一個醜女為妻，大大超出人們的意料，因而不少人為此替諸葛亮感到惋惜，更有好事者編成諺語來加以嘲笑，謂「諸葛亮擇婦，正得阿承醜女」。

黃承彥也曾有過兩個兒子，都只長到幾歲便夭折了。自從有了女兒，黃承彥夫婦真是提心吊膽，生怕再有不幸。他們按照襄陽的風俗，給女兒起了個卑賤的名字叫「阿醜」，希望她能因此長得健壯結實。

阿醜姑娘倒真是無病無災，而且從小就口齒伶俐，聰明過人，幾歲上即能「咿咿呀呀」地把《詩經》從頭至尾背下來，樂得黃承彥老兩口把她視為掌上明珠。不久，黃夫人去世，黃老先生就把女兒看得更重要了。

阿醜像她父親一樣，一通百通，成了一個知識淵博、滿腹經綸、才高八斗、氣質非凡的女子。只是阿醜長大後，性格變得有點怪，身材長得矮小短粗，加上皮膚黑、頭髮黃，又一點不留心梳妝打扮，所以，都快20歲的人了，還沒有定親。

　　阿醜說什麼一輩子不嫁，要嫁也給天下的女子做個榜樣，非要爭他個「女才郎貌」不可！把襄陽城搞得滿城風雨。

　　諸葛亮為什麼要選擇黃承彥之醜女為妻？

　　在一貫以「郎才女貌」「英雄美女」「才子佳人」為傳統楷模的中國封建社會裡，人們對諸葛亮選擇醜女為妻的原因，或是避而不談，或是有意掩飾。特別是隨著諸葛亮被逐步地神化，有意掩飾的說法更多了起來。

　　諸葛亮在隆中「隱居」時，是不甘寂寞的。他關心天下大事，預測可能出現的變化，又常以管仲、樂毅自比，渴望以救天下為己任，建立一番功業。但他也十分清楚，在當時的條件下，要實現他的理想，是十分困難的。

　　劉秀的東漢政權建立以來，豪強地主力量迅速擴張，他們世代把持中央和地方的重要官職。雖然封建王朝自秦漢以來就一直有所謂的「察舉征辟制度」，但由於軍閥割據和戰亂，早已未能實行。

　　客觀事實即是由士族壟斷了官位，非世家大族、名門大姓之子弟，是很難踏入仕途的。在一個專講出身、門第、等級的時代，諸葛亮雖有才能，又怎能入仕去實現理想呢？

　　諸葛亮出身門第不高，父親諸葛珪不過當過泰山郡的郡丞，況又早逝，不可能給諸葛亮有所幫助。他隨叔父遠離故鄉山東到湖北襄陽居住，叔父又不幸去世。

　　在隆中，諸葛亮可謂人地生疏。他雖然依靠自己的才能獲得了當地名士們的稱讚，但與他們的關係還不穩固。利用婚姻與當地聯姻是最簡便易行地改變這種狀況的方式。

《襄陽記》對此記載得很清楚：「黃承彥者，高爽開列，為西南名士。」

《三國志集解》引《襄陽耆舊傳》進一步補充說：「漢末諸蔡最盛，蔡諷姊適太尉張溫，長女為黃承彥妻，小女為劉景升，即劉表後婦，謂之姊也。」

可知，黃承彥本人是「沔南名士」，又和當地的最高行政負責人荊州牧劉表以及荊州最大家族蔡氏都有十分密切的姻親關係。

龐德公周圍團聚了不少有才幹的人，經常在一起切磋學問，評論政局。龐德公很能知人，經常品評人物，他的言論在當時地主階級士大夫中很有影響。

諸葛亮對龐德公非常敬重，經常登門求教，而且每次都是「獨拜床下」、「跪履益恭」，很是謙虛和虔誠。

龐德公也沒有把諸葛亮當成外人，經常借書給他看，並加以指教。他對諸葛亮的為人、才能和抱負逐漸有所瞭解，覺得他進取心很強，將來必能幹出一番事業來。

正是因為龐德公對諸葛亮非常器重並寄予很大希望，所以他稱諸葛亮為「臥龍」。「臥龍」是對「隱居」俊傑的比喻。一條蟄伏在大澤裡的臥龍，一待氣候合適，就會升入雲霄，施展其非凡的本領。這種雅號的品定和傳播，使諸葛亮的名聲越來越大了。

龐德公是很有政治眼光的。他議論政事，揭示時弊，都很中肯，在諸葛亮的成長過程中他所起的作用是不能低估的。

清朝的阮函在《答鹿門與隆中孰優說》中曾評論說：「隆中之所以為隆中，鹿門有以成之也。」

諸葛亮住在隆中，龐德公以後隱居襄陽城東鹿門山，因此稱諸葛亮為隆中，稱龐德公為鹿門。

與這樣的人攀上親戚，儘管黃氏女可能醜了一些，但對要入仕以實現理想和抱負的諸葛亮來說，實在是一個明智的選擇。

黃氏雖醜，但才能非凡。諸葛亮得此賢內助，不僅在當時對他的學業甚有補益，而且在他一生的事業上，也發揮了一定的作用。

范成大《桂海虞衡誌》就載有一個故事。說有一次，客人來家，諸葛亮囑妻子磨麵做食款待，不一會兒就做好端了出來。

諸葛亮甚感驚異哪能這麼快呢？於是，他悄悄去後面窺看，「見數木人析麥，運磨如飛」。諸葛亮當即討教，「求傳是術」。

20 年後諸葛亮用來轉運軍糧的木牛流馬，就是「變其制」而做成的。但是，這畢竟是傳說。要說黃氏能使「數木人析麥，運磨如飛」，當然是不可相信的。

而且在諸葛亮一生的事業中，要說黃氏對他有很大的幫助，也只能是假設、猜想而已。

如果有，歷史資料不會毫無記載。之所以有這些傳說，其實都是因為才貌雙全的諸葛亮選擇了醜女為妻，不符合人們對已被神化了的諸葛亮的崇敬心理，為之惋惜而編造出來的故事。

據說有一天，諸葛亮在蒙山腳下鋤地拔草。休息的時候，心裡思索昨晚學習的八卦陣。

諸葛亮心想：「那八卦陣奧妙無窮，有朝一日領兵打仗，必定能派上用場！」

於是諸葛亮就在地下演習起來。他先用樹枝畫好陣盤，又用石子布起陣法，嘴裡唸著八卦陣的歌訣兒：「休、生、傷、杜、景、死、驚、開」等。

用來當作陣法各門的石子都擺好了，就是那開門的子兒不知擺在啥地方，急得他抓耳撓腮，心裡一個勁地責怪自己：「諸葛亮呀，諸葛亮！你這兵法咋學得這麼窩囊？要是這樣去指揮作戰，千軍萬馬也會毀於一旦！」

忽然，「吧嗒」一聲，頭上掉下個桑樹枝來，不偏不倚正好落在陣盤上，沉思中的諸葛亮被嚇了一跳。他抬頭觀看時，從樹頂上「騰」地跳下

一個大閨女。

只見她生得黑面黃髮，雖說五官還算端正，可醜得讓人怎麼看怎麼都不舒服。那醜女子倒挺大方，笑盈盈地看著諸葛亮：「大哥哥，什麼事把您愁成這樣？我能不能幫您的忙？」

諸葛亮把臉一歪，生氣地說道：「不要多嘴論短長。男兒自有男兒志，山村野女難猜量！」

那醜女子聽了微微一笑，也隨口道：「不要下眼把人量。好漢還得眾人幫，逞強只有犯愁腸！」

諸葛亮一驚，心中暗想：「這丫頭的嘴真俐落！可以和這種又醜又野的妮子磨牙。」於是他緩和了氣氛說，「您雖然伶牙俐齒，不甘人下，但我這個忙，不是您能幫得了的。」

醜女子笑道：「恐怕現在只有我才能幫您呢！」

諸葛亮壓下去的火又上來了：「您不要自命不凡，我是在研習兵法戰術，佈陣打仗呢！你懂嗎？」

醜女子冷冷一笑：「我看你學到的那點兵法戰術只不過是皮毛而已。」

諸葛亮聽了火冒三丈，漲紅著臉喊道：「我飽讀兵書，熟知兵法，你卻鄙視我，你有能耐，先說說地上佈的是什麼陣？」

醜女子仰著頭答道：「我看什麼陣都不是，不像騾子也不像是馬！」

諸葛亮哈哈大笑說：「連陣法都不懂，還要口出狂言幫我的忙，快回家餵你的蠶去吧！」

醜女子也不示弱，回敬道：「我看你呀！快回家關上門讀上 3 年兵書再到這裡佈陣吧！連八卦陣都擺不全，還自逞高強呢！」

諸葛亮心裡「咯噔」一下，心想：「真是人不可貌相，海水不可鬥量。她竟然知道什麼是八卦陣，看來還不能小看。」想到這裡便和氣地問道：「請問這八卦陣缺了何處？」

那女子扳著指頭說：「八卦陣是休、生、傷、杜、景、死、驚、開。心中無開，陣法不全，戰場如此，到頭來只有擔驚，受創了。」

一席話說得諸葛亮大驚失色，急忙拱手說道：「大姐說得不差。請教大姐，這開門擺在什麼地方呀？」

醜女子抿嘴一笑：「那不早幫你擺好啦！」

諸葛亮低頭一看，剛才掉下來的那個桑樹枝正好和那7塊石子一起布成了完整的八卦陣。

諸葛亮慚愧得無地自容，趕忙施禮：「大姐才氣不凡，確確實實稱得上是我的師傅。我方才多有冒犯，還望大姐多多包涵。」

醜女子急忙還禮道：「小哥哥過獎了，我實在算不上什麼高才，又怎麼敢妄稱您的師傅呢？我也不過是學了點皮毛。」

諸葛亮聽了，一本正經地說：「這點皮毛我也得再學好幾年，希望大姐多多指教。」就這樣，倆人越來越熟悉，越來越親密了。

這個女子就是阿醜，她父親就是諸葛亮的老師黃承彥。

阿醜和諸葛亮從那次相識後，倆人就經常在那棵桑樹下一塊攻讀兵法，研究學問。而黃承彥也一直很喜歡諸葛亮，他巴不得把渾身的解數全傳授給他，諸葛亮如魚得水，學習得更起勁了。

諸葛亮經常回家以後，茶不思，飯不想，一天到晚光嘆氣。嫂子問他發生了什麼事，他也不說。這樣一來，嫂子可著急了。因為諸葛亮哥哥臨去東吳做官時，再三囑咐要照顧好弟弟、妹妹。如果諸葛亮有個三長兩短該怎麼辦呢？

嫂子思前想後，忽然心生一念，男孩子大了，是不是想成家了。於是她把諸葛亮叫到面前說道：「我今天算猜中你的心事了。不用愁，不用急，我這就託人給你說親去。」

諸葛亮一聽，還以為她知道了他和阿醜的事，於是紅著臉說：「嫂子操心也沒有用，你知道人家願意不願意？」

嫂子把手一拍說：「憑你的相貌、人品、學識，誰家的姑娘會不願意。」

自從諸葛玄把大侄兒諸葛瑾的夫人接到荊州照料諸葛亮、諸葛均兩個小兄弟後，諸葛瑾夫人便一直擔當著「長嫂似母」的重任。

如今，諸葛亮都二十好幾的人了，整天卻只知道做學問、讀聖賢書、吟詩作賦搖頭晃腦，談起兵法戰陣沒完沒了，田間耕作也能身體力行，會朋訪友、談古論今可達忘我之境，一切都好，就是從來不想自己的婚姻大事，讓嫂子傷透了腦筋。

她知道二弟是個有遠大抱負的人，在婚姻問題上不是挑，而是要找一個志同道合的知己。他求才不求貌，正是為了要幹一番轟轟烈烈的大事業。可這事也不能總耽擱呀！他的那位賢內助知音到哪去找呢？

一聽說諸葛亮要娶親，四州八縣，十里八村，大家小戶都跑來和他攀親戚。誰知說了一個又一個，不管閨女容貌有多俊，家有多富，諸葛亮都不答應。

這樣一來，嫂子又著急了：「好弟弟，這麼多閨女你都看不中，你到底是想尋月亮裡的嫦娥，還是想做玉皇大帝的女婿？」

諸葛亮回答：「男兒娶妻，一為的是成家過日子，二為的是建功立業有個好內助。至於容貌醜俊，都是小事。」

嫂子很為難：「娶個會過日子的媳婦倒不難，找個建功立業的好內助可不容易！不過，不管怎麼樣，嫂子要給你娶個稱心如意的媳婦，你放寬心好了。」

而阿醜一天到晚不是坐著呆呆地發愣，就是找個角落暗自垂淚，父親

反覆詢問和勸說也無濟於事。阿醜是父親的心頭肉，雖然相貌不漂亮，但品德、學問可是千里挑一。看著閨女這副模樣，黃承彥急得團團轉。

有一天，他忽然想到，男大當婚，女大當嫁。阿醜到了該找婆家的年齡了。我就這麼一個寶貝閨女，必須找個好女婿，否則，一則對不起早逝的妻子，二則可惜了女兒的德行與學問。

他看阿醜的脾性、志向和諸葛亮差不多，可容貌諸葛亮能看中嗎？不過，聽說成千上萬的人家都想選他做女婿，他就是不答應，也許他有不平常的打算？

黃承彥把自己的想法告訴了阿醜，阿醜雖然沒說什麼，但眼中露出了笑意，臉上的愁容也消失了。

第二天一大早，黃承彥來到諸葛亮家，對他嫂子說：「我家有一小女，論容貌萬萬配不上你家老二，可論品德、才能，不是老夫誇口，她確能配得上你小叔子。今天老夫不拘俗禮，親自登門為小女求婚，不知夫人意下如何？」

嫂子曾聽人說，這老先生的閨女是遠近聞名的才女，可也聽說，那閨女的容貌夠醜的。

憑我小叔子的才和貌，怎麼說也不能找她。於是急忙說：「老先生的來意我明白了，不過我得與弟弟商量商量，同時還得聽聽他哥的意見。就請您回去等我們的回音吧！」黃承彥囑咐了一番，回家去了。

嫂子一問諸葛亮，諸葛亮滿口答應。嫂子苦口婆心地說：「好兄弟，我不是那種只重外表不重內裡的人，可你倆從外表上看也太不般配了，婚姻可是終身大事，你得三思呀！」

諸葛亮紅著臉說：「嫂子只管同意就是，娶了阿醜，我謝您還來不及呢！」

嫂子瞭解諸葛亮的脾氣，嘆了口氣說：「咱先甭做決定，明天去相相，相中了，給你娶，相不中，咱再找別人。」諸葛亮也只好聽從嫂子的安排。

嫂子到了黃承彥家，從頭到腳把阿醜打量了一遍。阿醜雖說面發之色不好看，但也不像外人傳得那麼嚇人。再和阿醜攀談起來，更覺得這女子知書達理，才氣過人，文靜賢惠，氣度不凡。不由得心中大喜過望。她對黃承彥說：「我們兩家就準備辦喜事吧！」

過了幾個月，遠近各村的人們聽說諸葛亮辦喜事了，都跑來祝賀，看熱鬧。有些人一看他娶的是阿醜，七嘴八舌議論不休，有的說諸葛亮傻，有的說他是一時糊塗，可是諸葛亮卻毫不在意。結婚以後，小夫妻互敬互愛，你幫我助，生活十分美滿。

諸葛亮成了黃承彥的女婿之後，劉表不僅僅是諸葛亮叔叔的好朋友，還是自己妻子的姨父，關係更進了一步。而在荊州擔任重要軍事職務的蔡瑁則成了諸葛亮妻子的舅舅。通過這些渠道，身居隆中的諸葛亮能夠更迅速地瞭解時局的發展、朝廷和諸侯等各類人物的政治動向以及當時各政治集團的內幕活動等情報訊息。

這些情報訊息對於正在密切關注時局、分析時局發展方向的諸葛亮來說是至關重要的。後來諸葛亮拿出的那份著名的策劃案《隆中對》，就是他此前對天下形勢進行充分的瞭解和正確分析之後而形成的一整套戰略思想。

所以，當劉備來到荊州，吸收部分荊州士族加入時，經當地名士司馬徽、徐庶的推薦，諸葛亮也就理所當然地出山，去實現他興復漢室的凌雲壯志了。

後來，諸葛亮和黃夫人告別了充滿甜蜜回憶的隆中隱居生活，去輔佐劉備打天下。

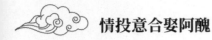

　　從此以後，黃夫人協助丈夫征戰不息。火燒赤壁、三氣周瑜、五次北伐、七擒孟獲、治理蜀漢，同甘苦，共患難，可謂功績赫赫。到此時，人們才認識到了諸葛亮在婚姻大事上的遠見卓識。所以，這對夫婦的愛情故事在民間廣為傳頌。

識明主徐庶相薦

在江東地區，孫策趕跑揚州刺史劉繇以後，繼續向東南發展。他將嚴白虎、王晟等地方武裝逐一消滅，又進一步占領了會稽、吳郡等江東要地。

建安四年，孫策開始向西北拓展勢力。首當其衝的是廬江郡，當時任廬江太守的人名叫劉勳。孫策為了削弱劉勳的勢力，極力慫恿他攻打上繚。他派人給劉勳送去很多珠寶和細布，並對劉勳說：「上繚甚富庶，願君伐之，請出兵以為援。」

劉勳聽了大喜，不顧部屬的勸阻，傾巢出動攻伐上繚。孫策一面派堂兄孫賁等屯兵彭澤，以阻斷劉勳的歸路，一面親自率兵端了他的老窩。劉勳在回軍途中戰敗後，率殘兵北投曹操。

同年十二月，孫策進伐黃祖，在沙羨大破黃祖。緊接著，孫策又帶兵征豫章。此時，華歆任豫章太守。

孫策率大兵屯駐在離豫章南昌縣數十里遠的椒丘，派虞翻前去勸降。當夜，華歆便命人寫下降書，第二天一早便派人送去孫策營中。孫策用兵占領豫章。

建安五年夏，孫策再次西擊黃祖。此時，原廣陵太守陳登乘孫策西征，招誘嚴白虎餘黨圖謀起事。孫策回軍欲進擊陳登，兵至丹徒，駐兵待糧。

一次，孫策外出打獵，恰逢被他殺死的吳郡太守許貢的賓客，這個賓客為主人報仇，用暗箭射中孫策面頰。孫策傷勢很重，生命垂危，便把謀士張昭等人叫來，對他們說：「中國方亂，以吳、越之眾，三江之固，

足以觀成敗，公等善相吾弟。」

又把弟弟孫權叫過來，將自己的印綬戴在他的身上，說：「舉江東之眾，決機於兩陣之間，與天下爭衡，卿不如我；舉賢任能，各盡其心以保江東，我不如卿。」孫策的意思很明顯，要孫權繼承他的事業，在眾臣的輔佐下，保住江東。

孫策死後，張昭等率領僚屬，擁立孫權上表朝廷，下移屬城，使中外將校，各奉其職。不久，周瑜也趕回赴喪，以中護軍之職與張昭共掌眾事。

在周瑜的推薦下，孫權接見了魯肅，與之相談，甚是投機。當眾人退去後，孫權把魯肅單獨留下，與他合榻對飲。

魯肅為孫權在江東建功立業所作的策劃分為三步。第一步立足江東，第二步打通長江中上游，全據長江，第三步建號帝王以圖天下。第二步需要實力，第三步需要時機，只有第一步是當務之急，且符合哥哥的臨終囑咐。

孫權是個英傑人物，他的即位，意味著孫吳對江東的控制進一步加強和鞏固。

在北方，曹操與袁紹兩大軍事集團正在進行激烈角逐。

袁紹以討董卓起家，在關東群雄聯合討董時，袁紹被推為盟主。名為盟主，實際上只占渤海一郡，實力並不雄厚。他先用軟硬兼施的手段，逼迫冀州刺史韓馥讓出冀州，又用武力打敗公孫瓚取得幽州，與此同時又派長子袁譚占據青州，任外甥高幹為并州刺史。這樣，到官渡之戰前夕，袁紹已占據了青、冀、幽、並四州。

曹操一開始也參加了討董聯盟，後來，曹操被任命為東郡太守，郡城設在東武陽。青州黃巾軍進入兗州，殺死刺史劉岱，濟北相鮑信等人迎接曹操任兗州刺史。

曹操據有兗州，又打敗並收編了青州黃巾軍，勢力開始壯大。漢獻帝興平二年，楊奉、董承、韓暹等人迎獻帝東歸，經過艱苦跋涉，到達河東。

袁紹的謀士沮授建議把獻帝接到鄴縣，但缺乏政治遠見的袁紹沒有接受這個建議。這無疑給曹操留下了機會。當時曹操正在許縣，他聽從謀士荀彧的主張，立即派人把漢獻帝迎到許縣。

從此，曹操不但盡有豫州之地，而且還占有挾天子以令諸侯的政治優勢。建安三年，曹操又擊殺占領徐州的呂布，從此，徐州也歸曹操所有。

袁紹據有青、冀、幽、並四州，曹操據有兗、豫、徐三州。袁術已在建安四年稱帝不成嘔血而死。這樣，黃河中下遊地區最有實力的割據者只剩下袁紹和曹操了。一山不容二虎。袁、曹各自勢力的發展，使他們都成為想吞掉對方的老虎，一場兼併戰爭在所難免。

漢獻帝建安五年，袁紹、曹操兩個軍事集團在官渡進行決戰。結果，處於劣勢的曹操戰勝了處於優勢的袁紹。官渡之戰的勝利，奠定了曹操統一北方的基礎。

身居隆中的諸葛亮，沒有一天不關注著天下形勢的變化。對這些形勢的每一個變化，都瞭如指掌。

諸葛亮對天下形勢的瞭解，首先得益於荊州、襄陽優越的地理位置。四通八達的水路交通，使得襄陽成為南來北往人流的交匯所在。當時四面八方的軍政情況，必定隨著來來往往的過客傳到這裡。

207 年，諸葛亮 26 歲時，劉備因在中原被逐，也到荊州投劉表而來。

處於亂世之秋的劉備，追溯起來確為「漢中山靖王勝之後」，是「帝室之冑」。論起來劉備還是當今漢獻帝的叔字輩，因而有人稱他皇叔。但到了劉備這一代，因父親早逝，只落得靠賣鞋、織席維持生計。他不大愛讀書，卻喜歡結交社會各類豪俠志士。

早年，劉備因參加鎮壓黃巾軍農民起義有功而走上仕途，但官運不佳。他想在這亂世之中占有一席之地，卻苦於無立足之地盤。他先後投靠過公孫瓚、陶謙、曹操、袁紹等，都因各種變故而相繼離開了。

當時，曹操手下帶領 100 多萬的兵馬，占據了大半個中國，他的野心是想要奪取漢朝的天下自己做皇帝，因此，曹操便使用各種毒辣的手段，殺害了許多忠臣，把他自己手下的人安排在漢朝的朝廷裡，監視著漢獻帝。

以至於漢獻帝對於曹操所說的每一句話，不敢不聽。

漢獻帝雖然是皇帝，但是，一切事情都是曹操在做主，曹操很想廢掉漢獻帝，只因為還有好些地方沒有打下來，而且還有好些像劉皇叔那樣的勢力，正在外面訓練軍隊，要和曹操拚個你死我活，力求保全漢獻帝的皇位。

所以，曹操還不敢把皇帝廢掉，只有儘量派出軍隊四處征討，設法把那些反對自己的勢力，統統掃平。在曹操想要剷除的勢力中，劉皇叔就是其中的一個。

劉皇叔雖然一片癡心，想把奸臣曹操除掉，可是，他自己的力量實在太小；雖然有兩個結拜弟兄，一個叫關雲長，一個叫張飛，都是打仗殺敵的好手，而且他們三個是桃園結義的好兄弟，但僅靠三個人的力量遠遠不夠。他們手下軍隊也不夠，幫助他的人才又很少，因此，劉皇叔到處尋訪有本領的人。

最後，劉備從中原逃到了荊州劉表處，只求有個安身之所。

劉備秉性少言，一般喜怒皆不表現出來，但內心卻有自己的執著追求，而且堅貞不渝。投奔劉表後。他仍心繫天下，渴望有朝一日東山再起，與天下英雄一爭高低。

為此，在襄陽這塊相對僻靜之地，他開始廣交賢士，招納人才，以為自己日後爭奪天下之用。由於諸葛亮在當時襄陽名士中已有很高的名聲，且常自比管仲、樂毅，因此他雖隱居隆中，但在人們心目中，其智慧和能力不可限量，一旦這條臥龍騰空而起，天下將要為之改變。

諸葛亮的好友徐庶客居荊州時，荊州牧劉表多次禮聘徐庶出仕。但徐庶觀劉表其人，以為此公雖號稱皇室宗胄，頗有禮賢下士之名，但骨子裡卻優柔寡斷，知善不能舉，知惡不能去，只不過是徒有虛名而已，徐庶堅辭不就。

漢獻帝建安六年，在中原地區戰敗的劉備來投靠劉表，劉表對他心懷疑懼，讓他屯兵新野抵擋曹操。徐庶透過觀察，發現劉備胸懷大志，才略過人，並能夠善待部屬，素有人望。

於是，就前往新野拜見劉備。劉備正刻意結交荊襄一帶的有識之士，對頗有名氣的徐庶前來投靠，喜不自勝。劉備非常器重徐庶的才幹和人品，當即把他留在營中並委以重任，讓他參與整頓軍事，訓練士卒。

建安九年，劉備乘曹操出兵河北攻鄴城之機，出兵掠地，北至葉縣附近。留守許昌的曹魏大將夏侯惇帶于禁、李典等出兵抵禦。因劉表拒絕出兵相助，劉備兵弱將少難擋曹軍。在這危急關頭，徐庶建議放火燒寨，佯裝退兵，然後派關羽、張飛、趙雲等領兵埋伏以待曹軍追兵。

夏侯惇不知其中有詐，不顧李典的勸阻，跟于禁率輕騎追擊劉備。劉備埋伏的軍隊同時發起進攻，將曹軍團團圍困，曹軍傷亡慘重。劉備反敗為勝，有驚無險，這才從容收兵，返回新野。

鎮守樊城的曹洪不服氣，擺了個八門金鎖陣，帶兵前來報仇。誰知徐庶不但輕而易舉破了陣，還略施小計，連曹洪的老窩樊城也端了。只這兩仗，徐庶的大名就威震曹營了。

漢獻帝建安十三年，曹操率大軍南征荊州。這時劉表已亡，他的兒子劉琮不戰而降。劉備率軍民 20 多萬人南撤。在曹軍追及到當陽長坂坡時，劉備寡不敵眾，大敗而逃，輜重全失。

徐庶的母親也不幸被曹軍擄獲，並被曹操派人偽造其母書信召其去許都，徐庶得知此訊，痛不欲生，含淚向劉備辭行。

他用手指著自己的胸口說：「本打算與將軍共圖王霸大業，耿耿此心，唯天可表。不幸老母被擄，方寸已亂，即使我留在將軍身邊也無濟於事，請將軍允許我辭別，北上侍養老母！」

劉備雖然捨不得讓徐庶離開自己，但他知道徐庶是出了名的孝子，不忍看其母子分離，更怕萬一徐母被害，自己會落下離人骨肉的罪名，只好同徐庶揮淚而別。

徐庶北上歸曹以後，心中仍十分依戀故主劉備和好友諸葛亮。儘管他有出眾的謀略和才華，但不願為曹操出謀劃策，與劉備、諸葛亮為敵。

因此，徐庶在曹魏歷時數十年，卻從未在政治軍事上有所作為，幾乎湮沒無聞。這就是人們常說的「徐庶進曹營，一言不發」。

魏文帝黃初年間，徐庶官至右中郎將，御史中丞。魏明帝太和三年，諸葛亮三出祁山，北伐中原。他聽到徐庶歸曹入魏後的經歷，不禁為自己好友的一生而嘆息不已。

徐庶一生，雖然命運多舛，人生道路也坎坷不平，最終沒有作出什麼驚天動地的大業。但他忠直坦誠、孝敬親尊、力薦英才的人格品德永傳後世。

劉備對徐庶信服得五體投地，徐庶在臨走之時說：「我這點本事算不了什麼。荊州比我高明的人還多著呢！不說別人，就說這襄陽城西 20 多公里處的隆中山，就有一位傑出的人士隱居在那裡。」

劉備說：「既是名士，比軍師如何？」

徐庶說：「他平時自比管仲、樂毅，我看他可以比作興周八百年的姜子牙，旺漢四百載的張子房。」

劉備謙遜地問道：「請問軍師，這個人到底是誰呀？」

徐庶鄭重地回答：「他複姓諸葛，名亮，字孔明。」

劉備第一次聽到諸葛亮的名字，心中有點不大相信，對徐庶說：「那就請軍師辛苦一趟，把他請來聚聚怎麼樣？」

徐庶先是一愣，繼而把頭使勁地搖著說：「這樣的人呀！只有主公親自去請。至於他願不願意見面，肯不肯來輔佐主公，那就要看您的誠意如何了。連德高望重的龐德公都尊稱他臥龍先生呢！」

劉備恍然大悟：「啊！莫非就是司馬徽老先生說的那個臥龍鳳雛嗎？」

徐庶點頭道：「主公聽錯了。臥龍、鳳雛是兩個人，鳳雛先生是龐統龐士元兄，臥龍才是諸葛亮。主公若能把他請出來，漢室不愁不興，江山不愁不得！」

過去劉備在荊州曾拜訪過陽翟的「水鏡先生」司馬徽，傳說他有經幫濟世之才，但司馬徽不願施展才能為時所用，他緘默固守，甘願隱居陽翟故里，躬耕度日。徽平時從不討論別人，如有人向他求問，他也不品評高下，總是說好、好、好。在當時，司馬徽也向劉備推薦過諸葛亮。

而如今見徐庶又極力推薦諸葛亮，劉備當即就產生了招募收攬諸葛亮的心思。

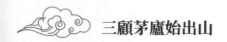

三顧茅廬始出山

建安十二年的一天早上，劉備帶上他桃園三結義的兄弟關羽和張飛騎馬離開新野，往隆中山而來。

劉備轉了幾個彎子進入隆中山衝後，就聽一個農夫在田中唱道：「蒼天如圓蓋，陸地如棋盤。世人黑白分，往來爭榮辱。榮者自安安，辱者定碌碌。南陽有隱居，高眠臥不足！」

劉備上前問那農夫，此歌是誰作的，農夫說是臥龍先生。劉備問明地址，便策馬來到茅廬。

劉備親自叩動門環。許久，童子才懶洋洋地來開門。劉備溫和地問道：「我是劉備，特來拜見你家先生。」

童子道：「先生一早就出去了。」

劉備忙問：「先生到何處去了？」

童子回答說：「行蹤不定，不知何處去了。」

劉備問：「什麼時候回來？」

童子道：「歸期也不定。」

劉備聽這麼一說，深感惆悵，想等上一會兒，關羽、張飛則勸他先回去。劉備只得上馬下山。

行了幾公里路，3人勒馬回望隆中景物，真是「山不高而秀雅，水不深而澄清，地不廣而平坦，林不大而茂盛」，觀之不已。這時，他們忽然看見一個身穿帛布袍、頭戴逍遙巾、氣宇不凡的人拄杖迎面而來。

劉備心想：「看樣子一定便是臥龍先生。」便忙上前施禮道：「先生可是臥龍先生嗎？」

那人問道：「將軍是誰？」

劉備畢恭畢敬地說：「我是劉備，專程從新野來拜見臥龍先生的。」

那人聽罷，施禮道：「我是臥龍先生的朋友崔州平。」

劉備忙抱拳道：「久聞大名，幸得相遇。先生能否席地而坐，我想請教一言。」

崔州平坐下後問道：「將軍有何事非要見臥龍先生？」

劉備說：「如今天下大亂，百姓受苦，我想跟臥龍先生求教治國安邦的大計。」

崔州平一聽，哈哈大笑起來：「天下大勢，分久必合，合久必分，這是天意，人豈有回天之術，談何容易。」

劉備還想說什麼，崔州平起身道：「山野村夫，枉談天下之事。」

劉備忙道：「但不知臥龍先生往何處去了？」

崔州平說：「我也正想訪他，不知往何處去尋。他日再見吧！」說罷，揚長而去。

秋去冬來，天冷了。這時，劉備接到探報，說臥龍先生已回隆中。他忙喚來二弟關羽和三弟張飛，出發再上隆中。

沒走多遠下起了大雪，天變得冷極了。

張飛使勁搓著手，嚷嚷道：「大哥，天寒地凍的，連仗都打不成，還有必要跑這麼遠去見一個沒有用的人嗎？不如回新野避避風雪吧！」

劉備耐心地開導張飛說：「三弟，我之所以冒這麼大的風雪來，正是要讓臥龍先生知道我的誠意。」

兄弟3人進了隆中山，聽見路旁酒店中有人擊桌而歌，劉備以為是臥龍，便下馬入店，探知店中唱歌兩人原來是臥龍之友石廣元和孟公威。劉備於是出來上馬，直奔臥龍岡，來到茅廬前。

童子開了門。劉備問：「先生今日在莊上嗎？」

童子道：「正在堂上讀書。」

劉備大喜，便跟著童子走了進去。到了中門，只見門上大書一副對聯：「淡泊以明誌，寧靜以致遠。」

劉備看罷，見堂上一位少年正擁爐抱膝歌吟。劉備待他吟完，才跨進屋去施禮道：「備久慕臥龍先生大名，早想與先生相見，只恨沒有機會。前時我已拜訪過一次，可惜沒遇到先生。今日特冒風雪至此，見到先生，真是萬分榮幸。」

那位少年一見，慌忙答禮道：「將軍，我是諸葛均，諸葛亮乃是我二家兄。」

劉備便問：「那臥龍先生今日在嗎？」

諸葛均說：「昨天被崔州平不知請到何處去閒遊了。將軍還是坐坐喝杯茶吧！」

劉備嘆口氣道：「我真是沒有福氣，兩番不遇大賢。」

這時張飛在一旁忍不住道：「先生既然又不在，還是請哥哥上馬回去吧！」

劉備說要寫幾句話留給諸葛亮。寫罷，交與諸葛均，說他日再來，便拜辭出門。

諸葛均將兄弟 3 人送出門，忽見前面小橋上一人騎驢而來，劉備以為是臥龍歸廬。

諸葛均忙告訴他，這是他家兄的岳父黃承彥老先生。劉備忙上前施禮問道：「您老可曾見到令婿？」

黃承彥道：「怎麼？他不在，我也是來看他的。」

劉備只好辭別，失望地回新野去了。

劉備回到新野後，風轉日月，冬去春來。他選擇吉日，齋戒 3 天，熏沐更衣，準備再往隆中拜謁諸葛亮。

關羽這次不悅地說道：「哥哥已經兩次親往拜訪他，禮過了。我看他是徒有虛名才避而不見。哥哥怎被他迷惑到這種地步？」

劉備不以為然：「古時候齊桓公去看一個所謂的小人物，跑了 5 趟才得見一面。我如今不但沒有齊桓公的地位，而且連個立足之地都沒有，還擺什麼架子呢？我之所以一而再，再而三地拜訪他，是因為他是位大賢。」

張飛生氣地說：「一個山野村夫，算得上什麼大賢。這回用不著哥哥親自出馬，待三弟我用一根繩子將他綁來就是。」

劉備生氣地訓斥張飛，說：「這次你別去了，我與雲長去。」

兩人沒辦法，只得依了劉備。

3 人騎馬帶領隨從來到隆中，離草廬半裡之外，正遇上諸葛均。劉備連忙施禮問道：「令兄今日在嗎？」

諸葛均說：「昨天晚上才回來。將軍今天可與他見面了。」說完，飄然而去。

3 人便來到莊上叫門。童子來開門。劉備道：「有勞仙童轉報，劉備專程來拜見先生。」

童子道：「先生今日雖在家，但此時還在草堂裡睡覺未起身。」

劉備道：「既然是這樣，就暫且先不要通報。」

於是吩咐關、張兩人在門口等著。劉備慢慢走進去，只見諸葛亮正仰臥在草堂床蓆之上，他便站在階下等候。可等了半天，諸葛亮也沒有醒。

關、張兩人在外等得不耐煩了，便走進來一看，劉備還站在那裡。張飛來了怒氣，對關雲長說：「這個人如此傲慢無禮！我要到屋後去放一把火，看他起不起來！」

關雲長忙使勁勸住。劉備命他兩人出去等候。再往草堂上望時，見諸葛亮翻了個身，好像要起來，卻是又朝裡面壁睡去了。童子這時想去叫醒諸葛亮，劉備忙攔住道：「且勿驚動。」

又立了一個時辰，諸葛亮終於醒了，口中吟詩道：「大夢誰先覺？平生我自知。草堂春睡足，窗外日遲遲。」

諸葛亮吟罷，翻身問童子：「有客人來嗎？」

童子回道：「劉皇叔在此，立候多時了。」

諸葛亮一聽，忙起身道：「為何不早告訴我！請等我換換衣服。」

說完，便轉入後堂去了，半天才出來迎客。

劉備這時見諸葛亮，身長8尺，面如冠玉，頭戴綸巾，身披鶴氅，飄飄然有神仙之氣。他忙上前施一大禮，作了正式的自我介紹，然後說：「劉備兩次來拜訪先生都未得以相見。上次留下一書，先生看過嗎？」

諸葛亮還了一大禮：「昨日才到，知將軍一心一意為國為民，可惜我年紀太輕，沒多少見識，只怕會誤了將軍啊！」

他們在屏風後面坐下。劉備道：「司馬徽和徐元直都是當世之高士，他們的舉薦豈是虛言。還望先生不吝賜教。」

諸葛亮道：「我諸葛亮只是一耕夫，您是錯看了。」

劉備說：「大丈夫學以致用，還望先生以天下蒼生為念，開教引導我這愚魯之人。漢室就要完了，奸臣當道。劉備我不自量力，欲為天下伸張大義，然而卻智術短淺，始終沒有成就。我想，只有先生這樣的高人才能幫助我挽救天下的厄運，實為萬幸。」

諸葛亮於是正言說道：「自董卓作亂以來，天下豪傑並起。曹操勢力不及袁紹，卻能夠克紹制勝的原因，不是他占據天時，而是在於人謀。如今曹操已擁有百萬之眾，挾天子以令諸侯，實在難和他對抗。」

「孫權占據了江東，已經歷了三代，地勢險固，民心歸附，且有一批賢人才士為他效勞。因此只能與他聯合而不能去圖謀攻取。而荊州之地，北依漢水、沔水，南達南海，東連吳會，西通巴蜀，堪稱用武之地，但它的主人難以守住，這大概是上天特意留給將軍的，將軍是否有意接納呢？另外，荊州西面的益州，地勢險要，沃野千里，是一個天府之國。」

「昔日漢高祖因之而成就帝業，但它現在的君主劉璋卻昏庸無能，人民富庶，國家足實而不知保存，有智能的人士希望得到一位明主。」

「將軍既然是漢室之後，信義名揚天下，招攬英雄，思賢若渴，如果能兼跨荊益之地，堅守其固，和好西戎南彝少數民族，對外結盟孫權，對內修整政理。」

「等到天下形勢有變，就派一員大將出荊州直取宛洛，將軍自領兵北出秦川，直取中原，那時百姓哪有不支持將軍的呢？則霸業可成，漢室可興矣！這就是我為將軍的謀劃，只看將軍是否想幹這番事業了。」

諸葛亮說完，叫童子取來一軸畫圖掛在堂中，指著圖對劉備道：「這是西川全州圖。曹操在北方占天時，孫權在南邊占地利。將軍要想成霸業，得占人和。可先取荊州為根據地，後取西川建立基業，與孫曹形成鼎足之勢，之後可圖謀中原了。」

隆中對是諸葛亮未出茅廬時對時局所作的精闢分析的傑作，體現了他洞若觀火，善於駕馭天下大事的能力和才幹。諸葛亮以一言興邦，劉備思賢若渴，採納了他的計謀，並從此以諸葛亮為輔佐，踏上了建立蜀國和三分天下的征途。

由於隆中對從政治、經濟、軍事、地理和人事各方面進行了分析，把一幅樹威定霸的宏圖漸次展現在劉備面前。這番話雖寥寥數十句，卻正確地反映當時的形勢、預示政局發展的前景，故後人對隆中對給予很高的評價。

　　諸葛亮一席話就如黑暗中一道閃電，照亮了混亂複雜的天下政局，使劉備茅塞頓開，眼前呈現出一幅三分天下的藍圖。

　　劉備聽了諸葛亮的話語，站起來拱手謝道：「先生之言，令我頓開茅塞，如撥雲霧而見青天。只是荊州劉表、益州劉璋都是漢室宗親，我怎麼忍心去奪他們的地盤呢？」

　　諸葛亮說道：「我夜晚觀天象，劉表將不久於人世了，劉璋不是立業之人，用不了多久，這兩個地方就都可歸於將軍。」

　　劉備一聽，點頭深深拜謝。諸葛亮這一席話，還只是他未出茅廬之言，那時他就已料定天下三分，真是萬古之人不及啊！

　　劉備當即拜請諸葛亮道：「劉備雖然名微德薄，願先生不棄卑賤，出山以相助！」

　　諸葛亮推辭道：「諸葛亮久樂於躬耕隱居，懶得去應世事紛爭，難以奉命。」

　　劉備一聽，不由得哭泣了起來，說道：「先生不出山，天下蒼生如何是好啊！」說著，淚沾袍袖，衣襟都浸濕了。

　　諸葛亮看到他的誠意這般深厚，終於說道：「將軍既然不嫌棄，我願意效犬馬之勞。」

　　劉備大喜，立即命關羽和張飛進來，拜了諸葛亮，又獻上金帛禮物。諸葛亮堅持不收，劉備說：「這並不是請大賢出山的聘禮，而只是表表我的一片寸心罷了。」

　　諸葛亮這才收下了。

　　於是，劉備三人在莊上住了一宿。第二天，諸葛均回來了，諸葛亮對他囑咐說：「我承蒙劉皇叔三顧之恩，不能不出山了。你留在這兒躬耕，不要讓田畝荒蕪了，等我功退歸隱回來。」

於是劉備幾人辭別了諸葛均，與諸葛亮一道回歸了新野。

劉備待諸葛亮如師，同吃同睡，整日在一起商討天下大事。明主賢臣，劉備三顧茅廬，終於如願以償了。

諸葛亮絕不是安於「耕鋤」之人，他「自比於管仲、樂毅」，留心於政治，在隆中的等待，正是為了選擇一個可以實現其理想的「明主」。

曹操無疑是當時最傑出的政治家、軍事家。但曹操手下已人才濟濟，群英姿革，荀彧、郭嘉、荀攸、程昱、崔談等人，均是滿腹文韜武略的一流人才，諸葛亮若投其帳下，要在他們當中脫穎而出，成為舉足輕重的高參，談何容易。

同時，曹操生性殘暴，多疑而又奸詐，常玩弄權術。諸葛亮的素養和施政治國設想，與曹操有很大差別，當然不願意去為其效命。

孫權固然也是當時一位「人傑」，但缺乏一統天下的雄心，力圖保全父兄業績，樂於偏安江東。而諸葛亮志在結束分裂，完成統一大業，孫權對於他，顯然不合適。

何況孫權承父兄基業，已有張昭等一批重臣，諸葛亮若去，也難以施展其管、樂志向。其他割地自保的如荊州劉表、益州劉璋、西涼韓遂、馬超等人，更為諸葛亮所看不起。

在這個時候，只有劉備才是諸葛亮理想的「人主」。劉備是漢室中山靖王之後，打出「復興漢室」的旗號，能造成吸引人心，招攬人才的作用，與諸葛亮結束天下分裂的理想相一致。

劉備在軍事人才上雖擁有關羽、張飛、趙雲等猛將，但缺乏運籌帷幄的軍師，諸葛亮正好負此重任，展示才華。

劉備在出身上較之曹操、孫權低微，這一特點雖頗難取得地主階級上層及地方割據勢力的支持，但卻易於贏得如諸葛亮所在的荊襄士人這樣的

中層地主、庶族寒門和一般人民群眾的同情和擁戴。

所以，劉備和以諸葛亮為代表的荊襄中小地主集團，由於政治、經濟地位十分相近，思想上正統觀點又似磁鐵般地相互吸引。

這樣，才華橫溢的諸葛亮無疑是劉備「千軍易得，一相難求」的軍師，而有所作為的封建政治家劉備也自然是諸葛亮完全可以信賴的「明主」了。

用火攻初顯身手

荊州的有利地勢，讓這座古老的城市受到了各方武裝勢力的重視。

東漢荊州原轄 7 郡：南陽郡、南郡、江夏郡、零陵郡、桂陽郡、武陵郡、長沙郡。東漢末年，從南陽郡、南郡分出一部分縣，設置襄陽、章陵兩郡，於是荊州共轄 9 郡，這就是後世稱「荊襄九郡」的來歷。

在荊州的內部，也面臨劉表家族內部的矛盾、劉表政權內抗曹派和降曹派的矛盾、荊州境內的主客矛盾，這三重矛盾。

劉表家族內部的矛盾，主要指他的兩個兒子劉琮、劉琦爭奪繼承權問題的紛爭。劉表政權內抗曹派和降曹派的矛盾，主要指劉表自保荊州的主張與其臣下投降曹操主張的分歧。荊州境內的主客矛盾，主要指劉表集團與客居荊州的劉備集團的矛盾。這三種矛盾並非彼此孤立，而是互相交叉，互相作用，纏繞在一起的。

劉表有兩個兒子，長子劉琦，次子劉琮。開始，劉表很喜歡劉琦，不僅因為他是長子，而且因為他長得很像自己。

但是，自從次了劉琮結婚以後，劉表愛子的天平漸漸地偏到了劉琮一邊。原來，劉琮所娶之妻，是劉表後妻蔡氏的侄女。因為這層關係，蔡氏想讓劉琮取代劉琦的位置。她多次對劉表說劉琦的壞話，還聯合蔡瑁、張允等向劉表進讒言。

這 3 個人都是荊州政權中舉足輕重的人物。蔡氏是劉表的妻子，蔡瑁是劉表的妻弟，張允是劉表的外甥。她們 3 個人一齊講劉琦不好，漸漸地，劉表竟真的以為劉琦不好了。

蔡氏不喜歡劉琦，除了劉琮的關係外，恐怕還與劉琦的政治態度有

關。蔡氏是屬於親曹派，至於蔡瑁，與曹操的關係更不一般。

蔡瑁，字德珪，襄陽人，性格驕豪自喜。《襄陽耆舊記》載其少為曹操所親。蔡氏乃襄陽大族，劉表初至荊州，使即以蔡瑁為輔。蔡瑁姊為劉表後妻，是蔡瑁以親見任。

蔡瑁與曹操關係如此親密，可見也是親曹派。而劉琦卻不同，他作為劉表的長子、荊州未來的首領，是堅持父親自保荊州方針的。

劉琦非常器重諸葛亮，諸葛亮是堅決的反曹派，從劉琦與諸葛亮的關係，可以看出劉琦反對親曹的政治態度。

劉琦日益被劉表疏遠，被其繼母蔡氏所不容，心內非常不安，便找劉備求對策，劉備又推薦了諸葛亮給他。

但是，開始諸葛亮只是搪塞應付，並未認真給他出主意。諸葛亮這樣做，並不是對劉琦不負責任，而是認為對這件事的處理必須謹慎。

諸葛亮認為，劉琦之事若處理不好，不但害了劉琦，而且會使劉備受到影響。他在思索著既不使荊州當局疑心，又能保證劉琦的安全，同時又對劉備有利的辦法。

劉琦見諸葛亮遲遲不為自己出主意，心中暗暗著急。有一天，劉琦又邀請諸葛亮到他家去做客。諸葛亮知道劉琦又要向自己討求安身的辦法了。

此時，諸葛亮已經想好了一條三全其美的辦法，便接受了劉琦的邀請，來到他家。劉琦把諸葛亮帶到後園，此地非常僻靜，除了看園的家人就沒有別人了。

在後園內，有一座小閣樓，二層樓上，劉琦早已擺好了一桌宴席。兩人來到樓上，邊飲邊談。然後，閣樓的梯子被劉琦的下人搬走，樓上只剩下劉琦、諸葛亮兩人。

諸葛亮忙問緣故，劉琦說：「是我讓他們這樣做的。現在我們上不著天，下不至地，旁無他人，言出您口，入於我耳，總該說說您的主意了吧？」

　　諸葛亮微微一笑，說：「主意倒是有，不過你先得聽我講一個故事。」

　　劉琦忙說：「我洗耳恭聽便是。」

　　諸葛亮不慌不忙，講起了春秋時發生在晉國申生、重耳的一段故事。

　　晉獻公攻打驪戎時，娶了一個名叫驪姬的女人。在此之前，晉獻公已經有了幾個兒子，即太子申生，公子重耳、夷吾。後來驪姬也生了個兒子，名叫奚齊。驪姬為了讓奚齊能立為太子繼承王位，便陰謀設計陷害申生和其他幾位公子。

　　有一天，驪姬對申生說：「你的父親夢到你的生母齊姜了，你得趕快祭祀她。」

　　申生很孝順，便回到自己的封地祭祀母親。祭祀完畢，申生又把祭祀用的酒肉拿回來獻給父王。

　　此時，晉獻公外出打獵未歸，驪姬便把酒肉收下，代為送達。申生走後，驪姬卻往酒裡肉裡都滲了毒藥。晉獻公回來後，驪姬假意獻酒，故意讓酒灑在地上，劇毒掉在地上，立刻起了反應。

　　驪姬假惺惺地說：「酒裡有毒，肉裡也一定有問題。」

　　便讓狗吃了一塊肉，狗也當場斃命。晉獻公勃然大怒，下令逮捕太子申生。驪姬又添油加醋，說其他公子也參與了此陰謀。晉獻公下令把重耳、夷吾也一起逮捕。有人勸申生向晉獻公揭穿驪姬，或者逃出晉國，都被申生拒絕。最後申生自殺，而重耳等人卻跑到國外，過起流亡生活。

　　諸葛亮問劉琦：「你知道為什麼申生死了，而重耳卻活下來了嗎？」

劉琦沒有回答，諸葛亮見劉琦不答，便說道：「君不見申生在內而危，重耳在外而安乎？」

諸葛亮又說：「如今江夏的黃祖已經被殺，那裡缺乏守禦，你何不到那裡去屯兵駐守，也可以避當前之禍。」

劉琦恍然大悟，決意離開襄陽，離開這權力鬥爭的中心。劉琦再次感謝諸葛亮。

送走諸葛亮後，第二天他來到父親劉表處，要求到江夏去駐守。劉表猶豫不決，請劉備共同商議。

劉備假裝思忖了一會說道：「近聞曹操於鄴郡作玄武池以練水軍，必有南征之意，不可不防。」

劉表便讓劉琦擔任江夏太守。不久，劉琦離開襄陽，到江夏任職去了。

諸葛亮為劉琦出此計策，一方面是解劉琦之危，另一方面也是為了劉備的利益。

他知道，在劉表手下，主張投降曹操的人不在少數。劉表體弱多病，萬一荊州有變，劉備的抗曹將與當局的降曹相衝突，到那時，劉琦的江夏郡還可以作為一塊立足的根據地。

從這方面講，劉表宗室內部的矛盾又和荊州內的主客矛盾相糾纏著。

劉表是不主張降曹的。他苦心經營荊州近 20 年，把它變成地方數千公里，帶甲 10 餘萬的小王國，可以說，這是他一生的心血，一生的成就。他怎能輕易拱手讓人。

早在曹操屯軍西平，兵臨荊州時，劉表就表示了他不輕易投降的態度。他認為曹操之所以兵臨荊州，是由於袁尚、袁譚兄弟不合作抗曹，致使曹操無後顧之憂的緣故。

所以，他分別寫信給兩袁，曉以利害，喻以大義，企圖說服兩人和好，與自己結成抗曹聯盟。目的是在自己抗禦曹操的進攻時，能得到兩袁的外線配合。

　　劉備寓居荊州，是準備幹一番事業的。他要興復漢室，建立霸業，絕不會投降曹操。在不投降曹操這點上，劉表與劉備是一致的，他把劉備安置在新野，就是想利用他的力量抗擊曹操。為了抗曹，劉表不但給劉備增兵，還不得不允許劉備在不影響荊州本土利益的情況下擴大自己的實力。

　　諸葛亮曾勸劉備，在取得劉表的贊同下，可招募荊州的遊民以擴充部眾。

　　武裝奪取政權，必須要擁有自己的軍隊，軍隊的兵員越多越好，但是諸葛亮出山輔助劉備時，劉備屯兵新野，手下不過幾千兵卒，勢單力薄，寄人籬下。

　　諸葛亮一到新野，就燒出了新官上任的第一把火，建議劉備採取「遊戶自實」措施，以清查隱戶為出，一下擴大了徵兵數額，使劉備軍隊猛增數萬人。

　　荊州統治者劉表，是一個不能成大事的「坐談客」，只想「坐保江、漢之間」，並無「四方之志」。雖然搞了種種粉飾太平的活動，卻不曾致力於澄清吏治，整頓戶籍，擴兵積糧。

　　劉表雖然沒有阻止劉備擴軍，但並不意味著對劉備持信任態度，恰恰相反，劉表對這個客居的同姓人是很不放心的。

　　特別是當他看到荊州人士很多人都依附劉備時，對劉備的戒心就更大了。他把劉備從新野調到樊城，就是把他放到自己的眼皮底下，以便於監督和控制。

　　如果說劉表與劉備的矛盾還處於隱蔽狀態，那麼劉表政權中降曹派與

劉備的矛盾則尖銳到了劍拔弩張的程度。

劉備在樊城時，曾出席劉表舉行的宴會。而劉表手下的蒯越、蔡瑁兩人打算乘宴會殺掉劉備。

劉備察覺後，假稱去廁所，藉機溜走。劉備所騎之馬名叫「的盧」，由於走得匆忙，連人帶馬掉到襄陽城西的檀溪中，情況十分危險。劉備急了，喊著他的馬說：「的盧，今天的安危全靠你的努力了。」

說完猛一夾馬肚子。那馬似乎聽懂了主人的話，猛地一躍，躍出3丈，帶主人脫離險境。

蒯越、蔡瑁是降曹派的首領，他們對劉備的仇視，恐怕不僅僅由於主客矛盾，當時劉備堅決抗曹的態度有礙於他們降曹。

諸葛亮到劉備身旁，被劉備封為軍師，極度器重讚賞，但是劉備的結義兄弟張飛與關雲長卻對他極為惱怒輕視。

一日，探馬來報說曹操派夏侯惇帶10萬大軍殺奔新野來了。劉備請諸葛亮前來商議對策。

諸葛亮道：「我只怕關、張兩人不肯聽我調遣。主公要想讓我用兵，請借劍、印一用。」

劉備便將劍、印交給他。諸葛亮於是召集眾將聽令。

張飛對關羽道：「且去看他如何調度。」

諸葛亮下令道：「博望之左有山，名曰豫山；右有林，名曰安林，可以埋伏兵馬。關羽率千軍在豫山埋伏，等敵軍來到，放他過去不要戰。他的糧草必定在後面，你只要看見南山火起，便可縱兵出擊，燒他的糧草。張飛可帶千軍去安林背後山谷中埋伏，只看南面火起，便可出兵，在博望城舊屯糧處縱火燒它。關平、劉封可領500餘軍，預備引火之物，在博望坡後兩邊等待，到初更時分敵兵來到，就可以放火。」

接著又下令派人從樊城叫回大將趙雲作為前部，命他不要贏只要輸。最後諸葛亮對劉備說道：「主公自引一軍為後援。各部必須按我計策而行，不可有誤。」

關羽這時問道：「我們都出去迎敵了，不知道軍師做些什麼呢？」

諸葛亮說：「我只坐守縣城。」

張飛一聽大笑說：「我們都去廝殺，你卻在家裡坐著，好自在呀！」

諸葛亮道：「劍、印在此，違令者斬！」

劉備這時說道：「難道你們不知『運籌帷幄之中，決勝千里之外』嗎？兩弟不可違抗軍令。」張飛冷笑著出去了。

關羽對張飛道：「我們且看他的計策應不應，到時候回來再問他不遲。」

眾將都不瞭解諸葛亮的韜略，今日雖聽令，卻都疑惑不定。

諸葛亮對劉備說：「主公今日便可領兵在博望坡山下屯住。明日黃昏，敵軍必到，主公便棄營而走。看見火起，便調頭掩殺。我與糜竺、糜芳帶 500 餘軍守縣。」又命孫乾、簡雍準備慶功筵席，安排功勞簿伺候。

諸葛亮派撥完畢，劉備仍不知其中文章，疑惑不定。

卻說夏侯惇和于禁帶兵來到了博望，分一半精兵作為前隊，其餘盡護糧車而行。正在行進之間，忽見前面一路人馬殺來，為首者乃趙雲。

夏侯惇令于禁、李典壓住陣腳，大笑道：「徐庶在曹丞相面前誇諸葛亮為天人，今觀其用兵，真像是讓犬羊來與虎豹相鬥。我一定要活捉劉備、諸葛亮。」

說罷縱馬向前，與趙雲兩馬交合。殺不到幾回合，趙雲假裝敗走，引夏侯惇來追，趙雲敗走 10 餘公里，忽然一聲炮響，劉備引兵衝殺出來。

夏侯惇根本不把這幾個人放在眼裡，說今天不殺到新野，決不罷兵，

於是催促軍隊前進。

劉備、趙雲只往後退走。

這時天色已晚，濃雲密佈，又沒有月光；颳起夜風，並且越刮越大。夏侯惇只顧催軍往前趕，到了兩山狹窄地段，李典、于禁疑心有火攻，叫前軍後部停住。

這時卻聽後面喊聲震天，頓時一片火光，又趕上大風，火勢越來越旺，很快，路兩旁的蘆葦也燒著了，一剎那，四面八方全都是火。

曹軍人馬大亂，相互踐踏，死者無數。這時趙雲調頭回軍追殺，夏侯惇冒著煙火突圍出去。李典見勢頭不好，急忙奔回博望城時，火光中被一軍攔住，正是大將關羽，李典縱馬混戰，奪路而逃，于禁從小路逃走。

韓浩等來救糧草，正遇張飛，張飛一槍刺夏侯惇下馬，韓浩逃走。一直殺到天亮才收軍，只見屍橫滿野，血流成河。夏侯惇收拾殘軍，回了許昌。

諸葛亮收兵，關、張兩人一同讚道：「諸葛亮真是英傑啊！」行不到幾公里地，只見糜竺、糜芳帶軍簇擁著一輛小車過來，車中端坐一人，正是諸葛亮。

關、張立即下馬拜伏於車前。

不一會兒，幾路人馬都到齊了，將所獲戰利品分賞眾將，班師回新野，新野老百姓早已在夾道迎候了。有人說：「我們大家得以生命平安，都是因為劉使君得到了賢人的佐助。」

這一仗，完全按諸葛亮的預計進行。因而，諸葛亮建立了出山以後的第一功，關羽、張飛及眾將皆心悅誠服，諸葛亮從此在劉備軍中樹立起崇高威信。

建安十三年，劉表病入膏肓，派人將劉備從新野請到荊州，將大公子

劉琦託孤給他，並說：「我子不才，恐怕難以繼承父業。我死以後，賢弟你可自領荊州。」

劉備一聽哭拜著說道：「劉備當竭盡全力輔佐賢姪為荊州之主。」

正說間，人來報曹操親自統率大軍壓來。劉備急忙辭別劉表趕回新野。

劉表之妻子蔡夫人聽說要立長公子劉琦為荊州之主，不由大怒。奉父命鎮守江夏的劉琦趕回荊州探病，蔡氏、蔡瑁、張允等人知道劉琦性慈孝，害怕他們父子相見後感動劉表，使劉表把後事托給他，便定計阻撓劉琦與其父見面。

蔡瑁、張允在門外攔住劉琦對他說：「將軍命你在江夏守祝州東門，這是非常重要的任務。而你現在擅自離開重地回來，將軍知道必怒責於你。惹父親不高興而加重他的疾病，恐怕不是孝敬的行為吧！」

劉琦無奈，只好流著淚返回江夏。這件事表明，荊州政權內的降曹派已牢牢地控制了政局。

劉表望兒不來，大呼幾聲而死。

蔡夫人與蔡瑁等商議，假寫遺囑，改立只有 14 歲的親子劉琮為荊州之主，之後舉哀報喪。

夏侯惇兵敗博望以後，曹操親率大軍南征荊州，劉琮不戰而降，荊襄九郡就這樣輕而易舉地落入了曹操之手。

住在新野的劉備忙與諸葛亮商議拒敵之計。

諸葛亮說：「前番一把火，燒了夏侯惇人半人馬；今番曹軍又來，必教他中這條計。我等在新野住不得了，不如早到樊城去。」

於是，諸葛亮一面下令將新野居民遷往樊城，一面佈置眾將，準備再次火燒曹軍。

諸葛亮對關羽說：「帶 1,000 餘軍到白河上流埋伏。用布袋裝沙土，截住白河之水，到明日三更後，放水淹之，並順水殺下來接應。」

又喚張飛說道：「帶 1,000 餘軍到博陵渡口埋伏，這裡水流最慢，曹軍被淹時，必從此處逃難，便可乘勢殺來接應。」

又喚趙雲說道：「引軍 3,000 餘人，分為 4 隊，自領一隊伏於東門外，其餘 3 隊分伏西南北三門。但要先在城內人家屋頂上，多藏硫黃等引火之物。曹軍入城，必然會到民房中歇息。來日黃昏後一定有大風，只要看見風起，便令西南北三門伏軍全將火箭射進城去，等到城中火勢大作，就在城外吶喊助威，只留下東門放他出去，你便在東門外從後面追殺，到天明時會合關、張兩將，收軍回樊城。」

再令劉封、糜芳兩將：「帶兩千餘人，一半紅旗，一半青旗，去新野城外鵲尾坡前屯駐。一見曹軍到，紅旗軍走在左，青旗軍走在右；敵軍心疑必不敢追。你兩人分頭埋伏。看見城中火起便可追殺敗兵，然後到白河上流接應。」

至此，諸葛亮分撥已定，便與劉備登高瞭望，專候捷報了。

曹仁、曹洪帶領 10 萬大軍為前部，前面還有許褚帶 3,000 餘鐵甲兵開路，浩浩蕩蕩，殺奔新野而來。

這天中午來到了鵲尾坡，望見坡前一簇人馬，盡打著青紅旗號。曹仁說這是迷惑我們，並沒有伏兵，可速進兵。來到林下追尋時，卻不見一個人。

這時太陽已偏西，許褚剛要帶兵前進，突然聽得山上大吹大擂，抬頭看時，只見山頂一旌旗，其中兩把傘蓋，竟是劉備和諸葛亮，兩人正在把酒對飲。

許褚大怒，引軍尋路上山。山上礌木炮石打下來，不能前進。又聽到

山後喊聲大震，想要尋路厮殺，天色已晚。

後面曹仁來到，大軍一齊直奔新野城下，只見四門大開。曹兵衝進去，卻並無阻擋，城中也沒有一個人，竟是一座空城。

曹洪說：「這是他們勢單計窮，所以帶著百姓逃走了。我軍且在城裡安歇，明日一早進兵。」

這時候各路軍馬已經走乏，並且都很饑餓，於是都去搶占民房做飯。曹仁、曹洪在縣衙內安歇。初更以後，狂風大作，守城軍士飛報火起。

曹仁說：「這一定是軍士做飯不小心，遺漏了火，不要自驚自擾。」

話音未落，接連幾個報告西北南三門全都起了火。曹仁趕緊下令眾將上馬時，已是滿城火起，上下通紅。這夜的火，可比前日博望之火大多了。

曹仁帶領眾將突煙冒火，尋路奔走，聽說東門沒有火，便急急忙忙奔到東門來。軍士自相踐踏，死者無數。

曹仁等剛剛脫離被火圍困的厄運，卻聽背後一聲吶喊，趙雲帶兵前來混戰。曹軍大亂，各逃性命。

正奔遁之間，麋芳帶一路人馬殺將而來。曹仁大敗，奪路而逃。劉封這時又帶了一路人馬截殺過來。

到了四更時分，殺得人困馬乏，軍士多半焦頭爛額。奔到白河邊，幸好河水不深，人馬全都下河飲水。人聲互相喧嚷，馬不停地嘶鳴。

關羽在上流用布袋截住水，黃昏時分，望見新野城中起了火。

到了四更天，忽聽見下流人喊馬叫，關羽急令軍士一齊搬掉布袋，剎那間水勢滔天，往下流衝去，曹軍人馬全都溺在水中，死傷無數。

曹仁引眾將向水勢慢處奔逃。

到了博陵渡口，突然又聽到喊聲大起，張飛率軍擋住去路，大叫：「曹賊快把命拿來！」

這時許褚的人馬趕到，混殺成一片。許褚不敢戀戰，奪路逃脫。張飛趕去接劉備、諸葛亮，一同沿河到上流。劉封、糜芳已備好船隻等候，一起渡河往樊城而去。

舌戰群儒揚威名

在短短 3 年時間裡，袁紹原來所據的青、冀、幽、並四州，均被曹操所平定。

當時的遼西郡、右北平郡、遼東屬國，聚居著許多被稱為烏丸的少數民族部眾。

袁尚、袁熙跑入烏丸地區後，曹操集團中許多人認為兩袁不會再有什麼大作為，主張南下荊州。而曹操的謀士郭嘉卻力排眾議，認為烏丸及袁尚、袁熙仍是最危險的敵人。

曹操權衡利害，決定暫緩征荊州。建安十二年五月，曹操北征烏丸，八月，在白狼山大破烏丸，斬殺烏丸首領蹋頓，降服烏丸部眾及漢人 20 多萬。

袁尚、袁熙率幾丁殘兵逃往遼東郡。有人勸曹操乘勝進攻遼東公孫康，抓住袁氏兄弟以除後患。曹操說：「不用勞煩士兵了，我要讓公孫康主動把兩袁的首級送來。」

果然，在曹操從柳城凱旋後，公孫康即殺了袁尚、袁熙及其他烏丸首領，並派人將首級送給曹操。

有人稱讚曹操神算，曹操解釋說：「公孫康一向畏懼袁尚等人，我如果進攻公孫康，就會使他與袁尚等人聯合，如果對其放鬆，他們就會自相殘殺。」

袁氏殘餘消滅了，烏丸威脅解除了，按照先北後南的方針，曹操應該先平定關中，然後在統一北方後以強大的人力物力征服江南。然而，時局的發展並沒有給曹操從容實現計劃的機會。

　　就在曹操北征烏丸時，孫權率領的孫吳軍隊向荊州東門的守將黃祖發動了第二次進攻。

　　北征烏丸的第二年，當曹操在鄴縣休整軍隊，演練水師時，孫權向黃祖發動了第三次進攻，並殺死黃祖。

　　與此同時，在荊州內部，隨著刺史劉表的病越來越重，各種矛盾也越來越尖銳。

　　建安十三年七月，曹操放棄了先征服關中的打算，匆匆揮師，踏上了南下的征程。

　　曹軍的南下鐵騎，所到之處，風塵滾滾，戰馬嘶鳴。其強大軍事威力所發出的震撼，使得荊州的內外形勢發生了微妙的變化，各種力量在這種震撼的作用下，重新確定著自己的位置。

　　荊州的東面，孫吳軍暫緩了進攻。孫權親率大軍駐紮在柴桑，密切地關注著形勢的發展。十幾萬曹操大軍南下荊州，孫權不得不考慮重新調整一下戰略方針。

　　在這種形勢下，荊州疲於應付南下的曹軍，自然無力東顧，若攻之易如反掌。

　　然而攻入荊州後，必然和南下的曹軍相會，雙方必定為爭奪荊州進行正面決戰，荊州將轉化為曹、孫角逐的戰場。

　　顯然，這對孫吳是十分不利的。應該利用荊州內部的抗曹力量，與之聯合，共抗曹操，這才是正確的選擇，因為曹操此時畢竟是強大的。

　　怎樣利用荊州內部的抗曹力量緩衝一下曹軍的壓力呢？孫權陷入了冥思苦想之中。

　　此時，正值八月天氣，滾滾熱浪襲來，與心中的焦躁不安內外夾擊，弄得孫權坐臥不寧。

曹操威逼東吳，這恰好給屯兵樊口，生存於曹、孫的夾縫之中的劉備和諸葛亮帶來聯孫抗曹的最有利時機。諸葛亮審時度勢，決定親自趕赴東吳遊說孫權共同抗擊曹軍。

其時，孫權也有聯合劉備抗擊曹操之意，在此之前，孫權曾派魯肅以弔唁劉表為名去與劉備聯絡。

但是，鑒於曹操勢力過於強大，劉備新敗後，曹軍更是士氣高昂，準備一舉奪下江東。

此時此刻，孫權就不得不仔細掂量，或戰或和，或舉國抗曹，或俯首稱臣，這使他猶豫不決，一時難作決斷。

另外，他手下的大臣和將軍們也有兩種不同意見，分為兩派，一派主戰，一派主和，這使孫權更加左右為難。

這時，魯肅對孫權說：「劉表剛剛去世，他的兩個兒子一向不和睦，軍中諸將有的親近劉琦，有的依附劉琮。在荊州寓居的劉備，是天下聞名的梟雄人物，因為與曹操有仇，所以寄身劉表麾下，劉表對他心有疑懼而不敢用。劉表一死，如果劉備能與劉氏兄弟齊心協力，致使荊州上下和睦，那麼其力量不可小看，我們就應該對他們採取安撫策略，與他們結為盟好；如果他們之間離心離德，我們就應該另外打主意以成大事。」

魯肅想去荊州看看情況，如果劉備與劉琮、劉琦同心同德，荊州上下齊心協力，就與他們結成同盟，如有違離，則另作他圖。

而且，魯肅表示，此去荊州，盡力說服劉備，讓他安撫劉表的部眾，同心協力，共拒曹操。孫權滿以為，魯肅此去定會給他帶回一個擁有荊州八郡、十幾萬軍隊的強大盟友回來。然而，事實卻讓孫權非常失望。

曹操大軍南下，劉琮舉州投降，荊州八郡，大部分歸曹操所有，十幾萬軍隊，多歸曹操麾下。

而此時的劉備，在當陽被打得大敗。如今，他只是借寓於江夏，與江夏太守劉琦共有兩萬餘軍隊。

這一切，與孫權所期望的相差太遠了。

劉備正與諸葛亮、劉琦在一起商議，諸葛亮說：「曹操勢力太大，一時難以抵抗。我們不如結盟東吳孫權，以作外應援助，造成南北相持，我們可從中得利。」

諸葛亮主張「外結好孫權」，並十分重視對吳關係，建立了孫劉聯盟，從而在赤壁大戰中打敗曹操，形成三國鼎立的初步形勢。

劉備擔心地說：「江東人物那麼多，必有遠謀，他們能容咱們嗎？」

諸葛亮道：「如今曹操帶領百萬之師，大軍已壓至江漢，江東肯定會派人來打探我們的虛實，對荊州有巧取之想。到時，我將出使江東，憑三寸不爛之舌，讓他們南北兩軍去互相吞併，如果江東勝，則我們可以和他一同拒曹，如果曹操勝，那我們就可趁勢取江南了。」

正說間，人報江東魯肅前來弔喪。諸葛亮笑著說：「大事可成了。」便對劉備道，「不可讓他看出我們的計謀，主公只裝作不知。」

魯肅見過劉備，對諸葛亮說：「我一向敬慕先生的才德，今日相見，三生有幸。孫將軍虎踞六郡，兵精糧足，又極其敬賢禮士，江東英雄有很多歸附於他。如今從你們這方面考慮，不如派一個心腹之人到江東去結盟，共圖大計。先生的兄長在江東，每日盼望能與先生相見。魯肅不才，願與公同去拜見孫將軍，共同商議拒曹大事。」

劉備裝作不同意，說：「諸葛亮乃是我的軍師，一刻也不能離開，怎麼可以讓他到江東去呢？」

諸葛亮便道：「事關緊急，請奉命一行。」

劉備這才答應。魯肅於是和諸葛亮一起，登船往柴桑而去。

曹操已經占領了荊州的大部分領土，正屯兵於江陵，若順江東下，很快就會進攻吳國。能不能抗拒曹操的大軍，怎樣抗拒，孫權心裡實在沒底。偏偏在這緊要關頭，又有一些人公開提出投降曹操的主張，其首領人物不是別人，正是老臣張昭。

　　張昭懼怕曹操已久，建安七年，曹操下書給孫權，要求孫權送兒子到許昌為質，以控制東吳。孫權與臣下商議，張昭、秦松等人就心懷猶豫。如今，面對來勢洶湧的曹兵，張昭等又主張迎降。

　　這一天，孫權又召集眾人商議如何確保江東之事，結果還是老樣子，主張降曹的人仍喋喋不休地重彈著老調，唯一不同的是力主抗曹的魯肅坐在那裡一言不發。聰明的孫權立即察覺到了這個變化，他覺得魯肅的表現裡大有文章。

　　果然，散會以後，孫權起身回後宮更衣，剛走到屋檐下，就覺得被人拉了一下，回頭一看，原來是魯肅。孫權立刻拉住魯肅的手，問道：「卿有什麼話要對我說？」

　　魯肅說：「剛才我仔細聽了那些主張降曹人的議論，想來想去，覺得他們除了誤將軍大事外，實在沒有別的內容。這些人是不值得與他們共議大事的。」

　　孫權問：「既如此，卿為何剛才不發一言呢？」

　　魯肅回答：「我們江東所有的人，包括我魯肅在內，都可以投降曹操，只有將軍您一人不能。」

　　孫權心中驚訝，問道：「為什麼呢？」

　　魯肅答道：「如果我魯肅投降了曹操，曹操會讓我回到家鄉，給我安排官位。根據我的聲名及以前的職務，我依然會擔任州府的中下曹從事，外出可以坐牛車，身後有辦事人員和士兵隨從，在士大夫當中交遊。如果

功勞積累得多了，還有可能當上刺史、郡守一類的大官。而將軍您就不同了。您一旦投降了曹操，能到什麼地方安身呢？什麼樣的待遇能像您今天的樣子呢？希望您早點下定決心，定下抗曹大計，不要聽那些降曹者的議論了。」

魯肅這番話，強烈地震撼著孫權的心靈，孫權不由得長嘆一聲，說：「那些降曹人的議論，真是使人失望；而您今天所闡明的道理，正與我的想法相同。我有您這樣的人，真是上天所賜予的啊！」

魯肅說：「我這次去江夏，帶回來諸葛瑾的弟弟諸葛亮，主公可以跟他談談，便知道曹操的虛實。」

孫權問：「臥龍先生在哪裡？」

魯肅說：「現在驛館中安歇。」

孫權說：「今日已晚，不宜再見。來日聚文武於帳下，先叫他見過我江東俊傑，然後升堂議事。」

第二天，魯肅到驛館接諸葛亮同往孫權大帳中。諸葛亮只見張昭、顧雍等一班 20 多位文武官員，峨冠博帶，整衣端坐。諸葛亮一一見禮，之後在客位上落座。

張昭等人看到諸葛亮丰神飄灑，器宇軒昂，料他一定是來遊說的。張昭便率先開口試問諸葛亮道：「我張昭乃是江東的小人物，早就聽說先生高臥隆中，自比管仲、樂毅，有這樣的事嗎？」

諸葛亮回答道：「這只不過是我平生的一個小可之比。」

張昭道：「最近聽說劉備劉豫州三顧先生於草廬之中，幸得先生，以為如魚得水因而欲想席捲荊襄。如今荊襄卻一下歸屬了曹操，不知你們是何用意啊？」

諸葛亮暗想，張昭乃是孫權手下的第一謀士，若不先難倒他，如何說

服得了孫權？於是答道：「在我看來，我主取漢上之地易如反掌。我主劉備謙卑仁義，不忍去奪同宗兄弟的基業，因此將荊州推讓掉了。劉琮是個小孩子，聽任佞言，私自投降，致使曹操很猖獗。如今我主屯兵江夏，是另有良圖，這可不是等閒之輩所能理解的。」

張昭道：「如果是這樣，先生可就自相矛盾了。先生自比管仲、樂毅，管仲輔佐桓公稱霸諸侯，一統天下；樂毅扶持微弱的燕國，拿下齊國 70 多個城池。這兩個人，可都是濟世之才啊！而先生只會在草廬之中笑傲風月、抱膝危坐。如今既然事從劉備，就該為百姓謀利益，除害滅賊。然而劉備在未得先生之時，尚能夠縱橫天下，割據城地；如今得了先生，人們更加仰望，就連幼童都說劉備是如虎添翼，不久漢室興旺，曹操可滅了。朝野上下無不拭目以待，對先生抱著極大希望。」

「可為何自從先生跟了劉備，曹兵一來，你們就丟盔卸甲，望風而竄，棄新野，走樊城，敗當陽，奔夏口，無容身之地。如此辜負了劉表遺願，令天下百姓大失所望。那劉豫州自從有了先生，為何反倒不如當初了呢？管仲、樂毅難道就是這樣的嗎？我的話愚魯直率，請先生不要見怪！」

諸葛亮聽罷，笑了笑，說道：「大鵬展翅飛萬里，它的志向難道是那些小燕雀能認識的嗎？比如一個人得了多年的痼疾，應當先給他喝點稀粥，同藥一起服下。等到他肺腑調和、形體慢慢養得安穩些了，再用肉食補養，加上效力強的藥治療，這樣病根才能除盡，人得以全面康復。如果不等病人氣脈緩和，就給他吃烈藥和味道厚重的食物，想要求得平安，實在就難了。」

「我主劉備，以前兵敗於汝南，寄靠在劉表門下，兵不到 1,000 餘人，將只關、張、趙雲，正像是到了病重危急的時刻。新野小縣地僻人稀糧又

99

少，他不過是暫時藉以安身，怎可能長久坐守在那裡呢？但就是在這樣的處境條件下，卻能夠火燒博望，水淹曹軍，令夏侯惇等心驚膽寒。依我看來，就是管仲、樂毅用兵，也不過如此吧！」

「至於劉琮投降曹操，豫州當時根本不知，且又不忍心乘亂奪取同宗之業；當陽之敗，豫州不忍丟下百姓，幾十萬人扶老攜幼相隨渡江，每日與民一同顛簸 10 餘里路而放棄去取江陵，真是大仁大義啊！寡不敵眾，勝負乃是兵家常事。」

「昔日漢高祖劉邦多次敗給項羽，然而垓下一戰卻取得了決定性勝利，難道不是因為韓信為他出了良謀嗎？可韓信輔佐劉邦那麼久，也沒得幾次勝利啊！因此說，國家大事，天下安危，要靠謀劃。那些誇誇其談，善於巧辯之徒，靠虛榮之氣壓人；儘管能夠坐著議論，站著高談，可是到了關鍵時刻應付各種形勢變化，卻什麼都不行了，這才真正是叫天下恥笑的呀！」

諸葛亮一番話，說得張昭沒有一句可以對答。

這時座中一人忽然高聲問道：「如今曹公屯兵百萬，列將千名，虎視眈眈要踏平、吞食江夏，先生認為該怎麼辦呢？」

諸葛亮望去，乃是虞翻。諸葛亮道：「曹操收並了袁紹蟻聚之兵，劫劉表烏合之眾，雖然百萬之軍，也沒什麼可怕。」

虞翻一聽冷笑道：「你們軍敗於當陽，計窮於夏口，區區求救於人，還說不怕，這可真是大言不慚啊！」

諸葛亮道：「劉備不是只靠幾千仁義之師，就能抵抗百萬殘暴之眾的嗎？退守夏口是為了等待更好的時機。而如今，你們江東兵精糧足，且憑藉有長江之天險，有的人卻還想要主公孫權屈膝投降曹賊，而竟不顧天下人的恥笑。從這一點來看，劉備難道是怕曹操的嗎？」虞翻被說得啞

口無言了。

　　座中又一人發問道：「諸葛亮先生難道想傚法張儀和蘇秦來遊說我們東吳嗎？」

　　諸葛亮一看，是步騭，回敬道：「步子山先生以為張儀、蘇秦是辯士，卻大概還不知道他兩人也是豪傑吧；蘇秦佩掛六國相印，張儀兩次為秦國宰相，都是匡扶國家的謀士，可不是那些畏強欺弱，怕刀怕槍的人所能比的。君等只聽曹操虛發的假詐之詞，就嚇得想去投降，還竟好意思在這裡笑話蘇秦和張儀？」步騭也被問得說不出話了。

　　忽然，又有人問道：「諸葛亮認為曹操是個什麼人呢？」

　　諸葛亮見是薛綜，答道：「曹操乃是漢賊，這還用問嗎？」

　　薛綜道：「先生說得不對。漢朝歷代至今，天數眼看就要完了。如今曹公擁有三分之二天下，人都歸心於他。劉備不識天時，要與之紛爭，正是好比以卵擊石，怎能不敗呢？」

　　諸葛亮這時厲聲說道：「薛敬文怎麼能出此沒有君臣父子、沒有高低倫理之言呢？人生在天地之間，應以忠孝作為立身之本。薛公既然是漢臣，卻有不臣之心，應當打消這些思想，才是為臣的正道。曹操的祖宗食漢祿，卻不思報效漢室，反懷有篡權叛逆之心，讓天下人憎憤，薛公卻說天數歸之曹操，真是無父無君、沒有綱常的人呀！我沒有必要同你講話，請不必多言了！」薛綜滿面羞慚，無話對答。

　　座上又有一人應聲問道：「曹操雖然挾天子以令諸侯，可畢竟也是相國曹參的後代。劉備雖自說是所謂中山靖工的苗裔，卻沒有考證，人們親眼所見的，他只不過是一個編草蓆賣草鞋的俗夫罷了，有什麼資格來和曹操抗衡呢！」

　　諸葛亮看去，原來是陸績。諸葛亮笑起來，道：「曹操既然是曹相國

的後代，就更證明他世代都為漢臣，而如今他卻手握王權，肆意橫行，欺君罔上，不僅是目無君主，而且是蔑視祖宗，不僅是漢室之亂臣，而且是曹氏之賊子。」

「劉備是堂堂正正的漢室之胄，當今皇帝依據世宗祖譜賜予他官爵，你憑什麼說無可查考呢？況且高祖就是從區區亭長開始建業起身的，織席賣鞋又有什麼可以為恥辱的呢？我看你真是小兒之見，怎能和高士一起理論！」陸績不禁閉口塞舌。

席中又一人說道：「諸葛亮所言，都是強詞奪理，全不是正經之談，不必再說了。只請問諸葛亮著有什麼經典之論嗎？」

諸葛亮看他，是嚴峻，說道：「尋章摘句，是世上那些迂腐儒士的所為，哪能夠依此興國立事。古時候躬耕的莘伊尹，垂釣於渭水的姜子牙，還有張良、鄧禹等名士高人都沒見他們有什麼經典論著。難道說你整天就只是效仿那些酸腐的書生，區區於筆硯之間，數黑論黃、舞文弄墨而已嗎？」嚴峻垂頭喪氣地無以作答。

忽然一個人大聲說道：「諸葛公好說大話，未必有真才實學，恐怕到時恰恰要被文人學者所笑呢！」

諸葛亮看那人，乃是程德樞，便回答道：「文人學者有君子與小人之分。作為君子的文人，忠君愛國，堅守正義，憎惡邪佞，盡力為時代作出自己的貢獻，美名傳於後世。而作為小人的學者，只鑽營彫蟲小技，用心於文墨，年輕時作賦，人老了把經都唸完。筆下即便有千言，胸中卻沒有一點實實在在的計策。就像楊雄那樣，雖然以文章著稱於世，卻屈身於草莽強盜之手，走投無路最後跳樓而死。這就是所謂的小人之儒。即使他每天吟詩作賦上萬言，可又有什麼用呢！」程德樞也不能應對了。

眾人見諸葛亮對答如流，全都已驚慌失色。

此時，座中還有人想要問難諸葛亮，忽然有個人從外面走進來，厲聲說道：「諸葛亮乃是當世奇才，諸位以唇舌相難，可不是敬客之禮。曹操大軍壓境，你們不商討退兵之策，光在這裡鬥嘴！」眾人一看，是督糧官黃蓋黃公覆。

黃蓋對諸葛亮道：「先生何不將金石之論對我主說去？」

諸葛亮道：「諸君不識時務，互相問難，容不得我不答。」

黃蓋和魯肅帶諸葛亮入中門，來到大堂上，孫權下階而迎，厚禮相待，請諸葛亮坐，眾文武分列兩旁，魯肅站在諸葛亮邊上。

諸葛亮見孫權碧眼紫發，儀表堂堂，暗想，此人相貌不一般，只能用話激他，不能光講道理。於是，等孫權問起曹操現有多少兵馬時，諸葛亮說有一百多萬。

孫權道：「怕不是在詐我們吧？」

諸葛亮便將曹操原有的兵力，加上從袁紹、中原和荊州那裡新增的兵力算在一起，不過 150 多萬。他方才說 100 萬，是怕嚇著江東之士，且曹操手下戰將謀士都不下一兩千。

魯肅在旁一聽，驚慌失色，連忙向諸葛亮使眼色不讓他再說了，諸葛亮卻只裝作沒有看見。

這時孫權又問：「曹操平了荊楚之地，還有其他圖謀嗎？」

諸葛亮道：「他如今已沿江邊安營紮寨，準備戰船，不圖你們江東，又是想取哪裡呢？」

孫權道：「若他真有吞併之意，請先生替我想想該怎麼辦。」

諸葛亮道：「我有一句話，只怕將軍不肯聽從。如今曹操勢力極大，威震海內，即便是英雄，也無用武之地，奈他不可。將軍要量力而行，若有能力與曹抗衡，不如趁早消滅他；若沒有能力對抗，不如聽從眾謀士

的建議，投降曹操算了。如今，將軍嘴上說要降曹，心裡又不想降曹，形勢危急，卻總是拿不定主意，大禍可就要臨頭了！」

孫權道：「若像先生說的這樣，劉備為什麼不投降曹操呢？」

諸葛亮道：「過去，像齊之田橫那樣的壯士都能堅守大義，不容屈辱，何況劉備是漢室宗親，事之不成乃是天意，怎麼能自己就先屈服於他人之下呢！」

孫權聽了諸葛亮這番話，不覺臉色頓變，站起身來拂袖而去，眾人一見，也都一笑而散了。

魯肅責怪諸葛亮道：「先生為何說出這樣的話來？幸虧我們主公寬宏大度，沒有當面責怪你，你的話過於藐視他了。」

諸葛亮仰面笑道：「何必這樣不能容人呢！我自有破曹之計，他不問我，我怎敢說呢？」

魯肅忙道：「原來先生是有良策的，我這就去請主公來向你求教。」

諸葛亮說：「我看曹操的百萬大軍，不過是一群小螞蟻罷了，只要我一抬手，它們就都成了粉末。」

魯肅經這麼一說，便立即到後堂去見孫權。孫權一聽，轉怒為喜說道：「原來他是用話在激我。」於是又出來與諸葛亮互致歉意，討教良策。

諸葛亮說：「劉備雖新敗，但關羽仍帶有精兵萬人，劉琦在江夏也有萬人。曹兵雖多，卻是遠道而來，征戰疲憊，正所謂『強弩之末，勢不能穿魯縞』。並且北方人不習慣於水戰。荊州之民依附於曹操，是迫於當時的形勢，而並不是出於本心所願。將軍如果現在能誠心誠意地和劉備結成聯盟，破曹之事必成。」

「曹軍敗了，自然退回北方，那麼荊州和東吳的勢力也就加強了，三足鼎立的局面也得以成型。成敗的關鍵即在眼下，就看將軍怎樣決斷了。」

孫權聽罷大喜，說：「先生的話，使我茅塞頓開。我已經拿定主意，馬上就可以商議起兵，共破曹操！」於是孫權叫魯肅將決定傳告卜面文武官員，然後送諸葛亮回驛館休息。

智激周瑜得聯盟

雖然諸葛亮給孫權策劃了破曹之策，但孫權仍是不踏實，擔心兵少將寡，抵擋不住曹操大軍。而此時，主降的大臣又議論紛紛，搞得孫權又無所適從，難以決斷。

吳國太聽說此事，對孫權道：「你兄孫策臨終留下話說，『內務之事難斷問張昭，對外之計不決請周瑜』，眼下何不去同公瑾商議呢？」

孫權的大都督周瑜在鄱陽湖訓練水師，聞訊急忙趕回柴桑。魯肅與周瑜關係最為深厚，頭一個去迎接他，把事情詳細講了。

周瑜道：「子敬不必煩惱，我自有主張。現在快去把諸葛亮先生請來相見。」

晚上，魯肅帶諸葛亮來拜見周瑜。周瑜出中門迎入，開始，周瑜和魯肅爭辯，故意說自己願降，諸葛亮只是袖手冷笑。

當問諸葛亮的看法時，他知道周瑜反話正說的意思，於是附和著說道：「曹操善用兵，天下莫敢當。以前有呂布、袁紹、袁術、劉表敢與對敵。今數人皆被曹滅，天下無人矣。獨有劉豫州不識時務，強與爭衡，今孤身江夏，存亡未保。將軍決計降曹，可以保妻子、家富貴。國事遷移，付之天命，何足惜哉！」

魯肅大怒說道：「你是想教我主屈膝受辱於國賊嗎？」

諸葛亮接著說道：「我有一計，可以不用向曹操上貢獻印，也不必將軍親自渡江，必須派一個小使者，乘一隻小船送兩個人到江上。曹操只要得到這兩個人，就可令百萬之師退兵。」

周瑜便問道：「果然如此的話，那麼這是怎樣的兩個人呢？」

諸葛亮說：「我在隆中時，就聽說曹操在漳河新造了一座銅雀台，極其壯麗，廣選天下美女聚集於其中。曹操本是好色之徒，早聽說江東喬公有兩女，長女叫大喬，次女叫小喬，有沉魚落雁之容，閉月羞花之貌。曹操曾發誓說：『我的志願，一是掃平四海，建立霸業，二是得到江東兩喬，放在銅雀台中，以樂我晚年。這樣到死也沒什麼可遺憾的了。』」

　　「如今曹操帶百萬之師欲圖江南，其實就是為了這兩個女子。將軍何不去尋找喬公，以千金買此兩女，派人送與曹操，曹操得到這兩個女子，必心滿意足，班師撤兵。這正是范蠡獻西施之計，何不趕緊去辦呢？」

　　周瑜道：「曹操想得到這兩個女子，有什麼證明呢？」

　　諸葛亮道：「曹操的小兒子曹植，下筆便成文。曹操曾命他作一首賦，名作《銅雀台賦》，文中之意說他全家都能稱王為帝，誓得兩喬。」

　　周瑜問：「這篇賦先生能背下來嗎？」

　　諸葛亮道：「我喜歡它文辭華美，曾記下來過。」

　　周瑜說：「那就請先生試著背誦一下。」

　　諸葛亮當即吟誦起《銅雀台賦》，其中有這樣一句道：「立雙台於左右兮，有玉龍與金鳳。攬兩喬於東南兮，樂朝夕之與共。」

　　周瑜聽罷，勃然大怒，站起身來用手指著北方道：「老賊欺我太甚！」

　　諸葛亮忙站起來勸道：「都督這又是何必呢？過去單于多次侵犯我國南疆，漢朝天子將昭君公主許給他和親，眼下又何必在惜兩個民間女子？」

　　周瑜回答道：「先生有所不知，這大喬乃是孫策將軍的主婦，小喬是我的妻子。」

　　諸葛亮一聽，裝作並不知曉的樣子急忙說道：「我實在不知，失口亂

言，死罪！死罪！」

周瑜道：「我與那老賊誓不兩立！來日入見主公，便商議起兵。」

諸葛亮道：「若蒙不棄，我願效犬馬之勞，隨時聽候派遣。」

第二天，東吳的文武官員聚在一起，商談戰降之事。張昭等人主張降曹，陳述了陳詞濫調。

周瑜馬上站出來反駁說：「曹操雖託名漢相，實乃漢賊。將軍以神武雄才，又依仗父兄所付事業，割據江東，地方數千里，兵精糧足，英雄樂業，正當以此橫行天下，為漢室除殘去穢，何況曹操是親自來送死，怎能說迎降的話呢？」

接著，周瑜列舉了曹軍的 4 點不利之處。孫權聯想起諸葛亮對他分析曹兵的狀況，與周瑜所說的有很多地方是一致的，真是英雄所見略同。想到這裡，孫權拔出佩劍，猛地向面前的奏案砍去，斬釘截鐵地說：「諸將吏敢復有言降曹者，與此案同！」

便將此劍賜周瑜，即封瑜為大都督，程普為副都督，魯肅為參軍校尉。如文武官將有不聽號令者，即以此劍誅之。

孫權最終依諸葛亮之言，立即調撥 3 萬精兵，由周瑜和老將程普分別擔任左右都督，魯肅為參軍校尉，同諸葛亮一起前往樊口與劉備軍隊會合抗曹。

諸葛亮憑其智慧和口才一下為劉備爭取了東吳 10 萬之眾，並帶回 3 萬東吳精兵，這為扭轉當時整個局勢發揮了關鍵作用。

立軍狀草船借箭

周瑜與程普、魯肅領兵起行，便邀諸葛亮同往。諸葛亮欣然從之。一同登舟，駕起帆檣，迤邐望夏口而進。離三江口二三十公里，船依次第歇定。周瑜在中央下寨，岸上依西山結營，周圍屯住。諸葛亮只在一葉小舟內安身。

周瑜越來越感到諸葛亮計謀深遠，日後必成大患，實不可留，但若殺了諸葛亮，又怕遭曹操恥笑，於是便想方設法要尋機除掉他。

一日，周瑜聚眾將於帳下議事，問諸葛亮道：「近幾日就要與曹操交戰了，水路交兵，應當先用什麼兵器攻戰？」

諸葛亮道：「大江之上，應以弓箭為先。」

周瑜道：「先生之言，甚合我意。但是軍中正缺箭用，敢煩先生督造10萬支箭，以作應敵之用。這是公事，還請先生不要推卻。」

諸葛亮道問：「這10萬支箭不知道都督什麼時候用呢？」

周瑜道：「10日之內，能辦妥嗎？」

諸葛亮道：「曹操馬上就要打過江來了，若等10天，必誤大事了。」

周瑜便問：「先生料幾日能造完？」

諸葛亮說：「只要3天，就可交上這十萬支箭。」

周瑜一驚，道：「軍中無戲言。」

諸葛亮笑笑說：「願立軍令狀，三天辦不成，甘當受罰。來日造起，到第三天，都督可派人來江邊搬箭。」

當下，諸葛亮立下了軍令狀。

諸葛亮走後，魯肅對周瑜說道：「這個人莫非是在詐我們？」

周瑜搖搖頭：「他自己送死，並不是我逼他。你可去探諸葛亮的虛實，然後來告訴我。」

魯肅來見諸葛亮，諸葛亮道：「子敬得借我 20 只船，每船要軍士 30 人，船上全用青布作幔，每船用束草千餘個，分立兩邊，我自有妙用。第三日包管有 10 萬支箭。只是不能讓公瑾知道，他若知道了，我的計策就會失敗。」

魯肅回報周瑜，果然不提借船之事，只說諸葛亮並不用箭竹、翎毛等物，自有道理。周瑜大惑不解道：「看他 3 日後怎麼交差。」

魯肅將諸葛亮所需之物都備齊了，只等候調用。第一天不見諸葛亮動靜，第二天也不見諸葛亮有所行動。直到第三日四更天時，諸葛亮將魯肅秘密地請到自己船中，說：「請先生跟我一道去取箭。」便下令 20 只船用長長的繩索連接成一串，一直向北岸進發。

這天夜裡大霧漫天，江上更是霧氣重垂，人在對面都看不清。諸葛亮督促船隻前進，到五更時候，已接近曹操水寨。諸葛亮讓把船頭衝西，船尾在東，一字擺開，軍士皆藏身於青布幔中，然後下令擂鼓吶喊。

魯肅大驚道：「要是曹兵殺出來可如何是好？」

諸葛亮笑道：「大霧鎖江，我料他定不敢出戰。我們只在這裡飲酒取樂，等到霧散了就回去。」

魯肅一聽哭笑不得，哪有心思飲酒，真是坐立不安。

卻說曹操營寨中聽得擂鼓吶喊，于禁等慌忙飛報曹操。操傳令道：「濃霧彌江，我軍不可輕動，讓弓箭手放箭。」

然後又派人往旱寨裡去叫張遼、徐晃各帶弓箭軍 3000 餘，火速趕到江邊助戰。

很快，有 1 萬多弓箭手往江中一齊放箭，箭如雨發，有的射落水中，有的紮在船邊束草上。船因受箭而向一邊慢慢傾斜。

諸葛亮看看杯中之酒傾灑，便下令將船隊調轉，頭東尾西，再靠近曹操水寨受箭，一面繼續擂鼓吶喊。一直到太陽升起，霧氣漸漸散開了，諸葛亮才下令收船立即返回。

這時那 20 只船兩邊的束草上都已紮滿了箭支。諸葛亮下令各船上的軍士齊聲高喊：「謝曹丞相箭！」

等到曹軍寨中報知曹操時，這邊船輕水急，早已放回去有 20 多公里了，哪裡還追趕得上，曹操見之，懊悔不及。

諸葛亮回到船中對魯肅說道：「每隻船上有大約五六千支箭，不費你江東半分之力，便得 10 萬多支箭。明日就可用它來射曹軍了，豈不是真方便嗎？」

魯肅讚歎道：「先生真神人也，卻是如何知道今日有大霧彌江呢？」

諸葛亮答道：「作為將帥，不通曉天文地理，不知奇門，不懂陰陽，不看陣圖，不明兵勢，那是庸才。我在 3 天前已算準今日有大霧，所以才定下 3 日之限。公瑾讓我 10 天辦完，工匠、材料等都不應手，明擺著是想要殺我。我命繫於天，豈是公瑾所能加害的嗎？」魯肅拜服了。

船到岸時，周瑜已派 500 餘軍士在江邊等候搬箭。

諸葛亮教人到船上來取，共得 10 多萬支，都搬到軍帳交納。魯肅來見周瑜，述說了諸葛亮草船借箭之事。

周瑜大驚，慨然嘆道：「諸葛亮神機妙算，我不如他啊！」

不一會兒，諸葛亮入帳來見周瑜。周瑜說道：「我主孫權差人來催促我進軍，我昨日觀察曹操水寨，極是嚴整有序，非等閒之輩可以攻卜。我思得一計，不知可否？」

諸葛亮道：「都督先不要說，各自寫於手掌中，看我們想的是不是一樣。」

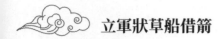

周瑜大喜。寫罷，兩個靠近一看，周瑜手中是個「火」字，諸葛亮掌中也是一個「火」字。

周瑜說道：「既然我們兩人所見相同，此計更無疑矣，請先生不要洩露。」

諸葛亮道：「兩家公事，豈有洩露之理。我料曹操雖吃過我火計的虧，但在大江之上，必然不會防備，都督請盡快準備吧！」

借東風火燒赤壁

曹操平白無故折了十三四萬支箭，非常氣惱，他採用謀士荀攸之計，派蔡瑁的族弟蔡中、蔡和去周瑜行營詐降，被周瑜看了出來，他將計就計，和老將黃蓋聯手演出一場苦肉計。

原來，那晚黃蓋入帳向周瑜獻計說：「今敵眾我寡，難以持久。然觀操軍船艦首尾相接，可燒而退敵。」

英雄所見略同，周瑜和黃蓋進一步策劃了火攻的具體方案。

第二天，黃蓋以言激怒周瑜，被重打 50 軍棍，皮開肉綻，鮮血淋漓，躺倒在軍營中。

當時，諸葛亮也在帳前，眾人都替黃蓋求情，唯獨諸葛亮沒吭一聲。

黃蓋被責打的消息很快被奸細蔡和、蔡中報到曹營，並捎去了黃蓋送給曹操的一封投降書。

黃蓋的這封詐降信，曹操還不是十分相信，他反覆看過蔡中、蔡和的信，並把送信的人叫來，仔細詢問一番，見問不出破綻，這才相信了。

曹操非常高興，他認為黃蓋的投降，很可能是上天賜給破吳的機會。

想當初，與袁紹對峙官渡時，也是袁紹手下叫許攸的人投降，為戰勝袁紹提供了可靠的情報。

數日後，為瞭解決北軍不服水土、在船上多患嘔吐之疾，曹操採納龐統之計，以小船和大船相搭配，或 30 為一排，或 50 為一排，首尾用鐵環連鎖，上鋪木板，人馬皆可以在上面行走。看似如平地一般，誰知卻為曹軍埋下了禍根。

建安十三年冬十一月十五日，天氣晴朗，風平浪靜，巡視過旱寨、水寨的曹操心中高興，設酒款待眾文武。

酒酣，他遙指南岸說道：「周瑜、魯肅，不識天時，與我交戰，乃自取滅亡！」

又指著夏口說，「劉備、諸葛亮，汝不料螻蟻之力，欲撼泰山，何其愚也。」

又顧眾將說：「吾今年54歲，昔日喬登與吾至契，知其二女皆有國色，後不料為孫策、周瑜所娶。吾今建銅雀台於漳水上，如得江南，當娶二喬，置之台上，以娛暮年，吾願足矣！」

第二天，曹操在水軍中央大船上坐定，調兵遣將，對吳軍發起了攻擊。

令畢，水軍寨中發擂三通，並隊伍戰船，分門而出。是日西北風驟起，各船拽起風帆，衝波激浪，穩如平地。北軍在船上，踴躍施勇，刺槍使刀，曹操看後十分高興。

有謀士程昱說：「丞相，船皆連鎖，固是平穩，但彼若用火攻，難以迴避，我軍不可不防。」

曹操笑道：「若用火攻，必借風力，如今隆冬之際，但有西北風，那裡會有東風、南風的。我軍居於西北之上，彼並皆在南岸，彼若用火，是燒自己之兵，何用懼怕，若是三月陽春時候，我早就會準備好了的。」

曹操催動大軍向吳營衝來，焦觸、張南率20只小舟，正和韓當、周泰相遇。

兩軍交戰，焦觸被韓當刺死，周泰砍死張南，接應的文聘也被殺得大敗而歸。

周瑜站在山頂上觀看戰況，見江中曹船入水寨，他問眾將道「江北戰船如蘆葦之密，曹操又多謀，當用何計破之？」

眾未及對，忽見曹軍寨中，被風吹折中央黃旗，飄入江中。周瑜大笑說道：「此乃不祥之兆也。」

正觀之際，狂風大作，江中波濤拍岸。一陣風過，颳起旗角於周瑜臉上掠過，周瑜猛然大叫一聲，往後便倒，口吐鮮血，不省人事。

諸將愕然相顧說道：「江北百萬之眾，虎踞鯨吞，不料都督如此，倘曹兵一至，如之奈何。」

慌裡差人申報吳侯，一面求醫調治。

周瑜心氣不順，病臥在床。魯肅請諸葛亮來醫。諸葛亮在紙上密書十六字：「欲破曹公，宜用火攻；萬事俱備，只欠東風。」

周瑜見了大驚，暗想：諸葛亮真神人也！乃轉憂為喜道：「事在危急，望先生賜教。」

諸葛亮道：「亮雖不才，曾遇到奇異之人傳授與我奇門遁甲天書，可以呼風喚雨。都督若要東南風時，可在南屏山上建一座平台，叫做七星壇：高9尺，作3層，用120人，手舉旗旛圍繞。我在台上作法，借3天3夜東南大風，助都督用兵，怎麼樣？」

周瑜道：「別說3天3夜，只一夜就大事可成了。勢迫在眉睫，請萬萬不要遲誤。」

諸葛亮道：「十一月二十日甲子祭風，至二十二日丙寅風停，如何？」

周瑜大喜，一下坐起身來，立即使500名精壯軍士，到南屏山去築壇，撥120人執旗守壇，聽候使令。

諸葛亮於十一月二十日甲子吉辰，沐浴齋戒，身披道衣，赤足披髮來到壇前，吩咐守壇將士：「不許擅離方位。不許交頭接耳。不許隨口亂講話。不許大驚小怪。違令者，斬！」

　　眾人領命。諸葛亮緩步登壇，看好方位，在爐中燒香，在盂盆內灌水，仰天暗祝。

　　諸葛亮一天上壇下壇3次，卻不見有大風。

　　周瑜等人都在中軍帳內等待東南風。黃蓋等已準備火船20只，曹營中有周瑜派出的內應甘寧等纏住其水軍督將在寨中每日飲酒，不放一個人到岸上去哨探，四周全是東吳兵馬，圍得水洩不通，將士們個個摩拳擦掌，只等帳上號令。

　　這天晚上，天色晴朗，微風不動。周瑜對魯肅道：「諸葛亮之言實在荒謬。隆冬季節，哪來的東南風？」

　　魯肅說：「我想諸葛亮並不是謬言。」

　　將近三更時分，忽聽風聲響起，旌旗飄動。周瑜出帳看時，只見旗角竟真的飄向了西北，霎時間東南風大作。

　　周瑜驚駭地說道：「此人有奪天地造化之法、鬼神不測之術！若留著他，必是東吳之禍根，及早殺掉，免得生他日之憂。」

　　趕忙叫來丁奉、徐盛二將，密令道：「各帶100人，徐盛從江內去，丁奉從旱路去，都到南屏山七星壇前，不用多問，抓住諸葛亮便立即斬首，拿人頭來見我請功。」

　　二將領命而去。

　　丁奉馬軍先到，只見壇上執旗將士當風而立，卻不見諸葛亮，問答說：「剛才下壇去了。」

　　這時徐盛船也到。兵卒報告說：「昨晚有一艘快船停在前面灘口。方才看見諸葛亮披髮下船，那船往上游去了。」

　　丁奉、徐盛連忙分水旱兩路追趕。徐盛叫掛起滿帆，乘風急追。終於看見前面的船已離得不遠，徐盛在船頭大聲高喊：「軍師不要走，都督有請！」

諸葛亮站在船尾大聲道：「回去告訴你家都督，好好用兵，我暫且回夏口了，他日再容相見。」

徐盛道：「暫且停一下，有要緊話說。」

諸葛亮道：「我已料到都督不能容我，必定要來加害，事先叫子龍來接應。將軍不必追趕了。」

徐盛見前面的船沒掛帆，便只顧往前趕去。待離得近了，趙子龍站在船上彎弓搭箭，「嗖」的一聲射斷徐盛船上篷帆的繩索，篷帆「嘩」地墮落入水，船一下便橫了過來。

趙雲叫自己船上撑起滿帆，乘風而去，快流如飛，追之不及。岸上，丁奉喚徐盛靠岸，說道：「諸葛亮真是神機妙算。」

劉備與劉琦在夏口專候諸葛亮歸來。很快船到，諸葛亮和趙雲登岸。

諸葛亮問道：「前時所定軍馬戰船之事，可曾辦齊。」

劉備上前對諸葛亮道：「早已準備好，只等軍師調用。」

於是立即升帳，諸葛亮遣將調兵，首先喚趙雲，道：「子龍可帶3000兵馬，過江直奔烏林小路，尋樹木蘆葦茂密的地方埋伏下來。今夜四更以後，曹操必然從那條路奔走。等他軍馬過，就從半中間放起火來，即使殺不了他全軍，也能消滅一半。」

趙雲道：「烏林有兩條路，一條通南郡，一條通荊州。不知曹操會向哪條路來？」

諸葛亮說：「南郡路險，曹操必不敢走，一定往荊州來，然後大軍投許昌而去。」

趙雲於是領令走了。

諸葛亮又喚張飛：「翼德可帶3,000兵過江，截斷彝陵這條路。曹操必往北奔彝陵去。來日雨過，待他埋鍋造飯，你只要看到煙起，就在山邊放起火來。雖然捉不到曹操，想你這回功勞也不小。」

張飛走了。

諸葛亮又吩咐糜笠、糜芳、劉封3人各駕船隻，繞江截殺敗軍，奪取器械。3人去了。

諸葛亮起身對公子劉琦道：「武昌離這邊只有一望之地，最為重要。公子便請趕回去，帶所部之兵埋伏在岸口。曹操一敗，必有逃來的，就地抓住，但不可輕易離開城郭。」

劉琦便辭別劉備、諸葛亮自去了。

諸葛亮最後對劉備道：「主公可在樊口屯兵，憑藉高處觀望，坐看今夜周瑜成大功也。」

此時關羽站在一邊候令，諸葛亮卻全然不予理睬。

關羽忍不住高聲道：「軍師為何不用我？」

諸葛亮答道：「雲長別見怪。過去曹操待你很厚，你一定想要報答於他。今日曹操兵敗，必走華容道，要是讓你去守華容隘口，只怕你會放他過去。因此不敢委派。」

雲長道：「軍師好多心。當初曹操待我不薄，我已白馬解圍報答過他了。今日撞見，定不放他過去，願立下軍令狀擔保。但是，如果曹操不走華容道，那可又怎麼說？」

諸葛亮道：「我也立下軍令狀，他若不走，我甘受軍法處置。」

關羽大喜。諸葛亮吩咐他說：「你可在華容小路高山上堆積柴草，放起一把煙火。曹操看見煙起，便會認為這是虛張聲勢，必向這條路來，將軍可不要留情。」

關雲長領令而去。

劉備這時說道：「我這兄弟義氣深重，只怕他還是會放曹操一馬的。」

諸葛亮於是說：「我夜觀星象，曹賊這回死不了，何不留這份人情，

讓雲長做了去，也是好事。」

劉備道：「先生神算，世所罕及啊！」

諸葛亮走後，周瑜調遣眾將。命甘寧取烏林的曹操屯糧之所，命太史慈領 3,000 兵奔黃州斷合肥曹操援兵，命呂蒙帶 3,000 兵擊烏林接應甘寧，命淩統帶 3,000 兵直取彝陵界首，命董襲領 3,000 兵直取漢陽，命潘璋帶 3,000 兵接應董襲。命黃蓋領 10 艘衝鋒船和大型戰船，裡面裝滿柴草和油脂，外面用布蓋上，然後在船上豎起軍旗，使小卒馳書約曹操來受降。

黃蓋的後面，第一隊領兵軍官韓當，第二隊領兵軍官周泰，第三隊領兵軍官蔣欽，第四隊領兵軍官陳武，4 隊各引戰船 300 只，前面各擺引火船 20 只。

周瑜自和程普在艨艟上督戰，徐盛、丁奉為左右護衛，只留魯肅與眾謀士守寨。

周瑜火燒赤壁，曹軍大敗而逃，一路被剿殺，果然投烏林以西而來。曹操看見這一帶樹木叢雜，山川險峻，忽然在馬上仰面大笑起來。

諸將便問道：「丞相為什麼大笑？」

曹操說：「我不笑別人，單笑周瑜無謀，諸葛亮少智。要是換了我用兵，一定會在這裡埋伏下一支人馬，看看會怎麼樣？」

話音未落，忽然兩邊鼓聲震天，火光衝起，驚得曹操幾乎掉下馬來。一軍從側面突然殺出，大叫道：「趙子龍奉軍師將令，在此等候多時了！」

曹操忙令抵擋，自己突出煙火而逃。子龍也不追趕，只顧搶奪旗幟。

天色微明，黑雲罩地，東南風仍不息。忽然大雨傾盆，將士的衣甲都淋得透濕。曹軍冒雨而行。曹操問前方是什麼地方，軍士回答，一邊是南彝陵，過葫蘆口便是南郡江陵；另一邊是北彝陵山路。曹操下令走南彝陵。

走到葫蘆口，曹軍兵馬都已饑餓睏乏，於是埋鍋造飯。曹操坐在林下，忽然又仰面大笑起來。眾將問道：「丞相剛才一笑笑出個趙子龍，現在又為何發笑？」

曹操道：「我笑諸葛亮、周瑜畢竟短智少謀。若換了我用兵，定在此伏下一隊人馬，那樣的話，我即便得以逃脫性命，怕也得重傷了。」

正說間，忽聽前軍後軍一齊吶喊起來。為首者正是燕人張翼德。眾人一見張飛，無不心驚膽寒。

曹操令許褚、張遼、徐晃上前抵擋，曹操大驚，丟甲上馬，自己撥馬就走。張飛從後趕來，曹兵拚命奔逃，才漸漸甩掉追軍。回頭看去，又傷了許多的人。

正行間，前面又出現兩條路，軍士報曹操道：「大路稍微平坦些，卻遠；小路通華容道，能近些，只是路窄難行。」

曹操令人上山觀望。

不久，探馬回來報告說：「發現小路山邊有幾處煙起，大路上並沒有動靜。」

曹操道：「兵書日：虛則實之，實則虛之。吾偏不中他計。」便下令走華容道。

行不到幾里，曹操又在馬上揚鞭大笑起來。眾人一驚，問道：「丞相又為何大笑？」

曹操笑說：「人們都說周瑜、諸葛亮足智多謀，依我看，也不過是無能之輩。要是他們在這裡埋伏下一旅半師，我等豈不束手就擒了嗎？」

話未說完，一聲炮響，兩旁跳出來 500 個校刀手，為首者正是大將關雲長，提青龍刀，跨赤兔馬，截住去路。曹軍見了，亡魂喪膽，面面相覷。

曹操一看，不由嘆了口氣道：「既然到了這一步，只有拚命決一死戰了。」

　　這時有人提醒曹操：「丞相過去有恩於他，今日不如求他放過這一關。」

　　曹操不禁點了點頭，便對關羽提起了舊話，使關羽想起他當初的許多恩德。關羽動了心，又見曹軍個個惶惶然，都哭拜於地，便長嘆一聲，都放了過去，然後自帶人馬，空手而歸。

　　後因劉備及眾將求情，軍師諸葛亮免了關羽一死。

三氣周瑜得荊州

赤壁兵敗，曹操留下曹仁、徐晃鎮守江陵，樂進鎮守襄陽，自己則退回北方。從軍事態勢看，曹軍在荊州處於戰略防禦，而孫劉聯軍則轉入戰略進攻。

周瑜、劉備率領聯軍沿長江乘勝向江陵進發，諸葛亮留在江夏，孫吳軍屯駐柴桑，分別為劉備和周瑜的後援。

此刻，諸葛亮在江夏，一方面密切注視著江陵方面的戰事，一方面思考著下一步的戰略行動。

諸葛亮認為，江夏郡絕非久留之地，它靠近孫吳，如果周瑜再拿下江陵，江夏郡正好把孫吳軍分成兩截，處於孫吳勢力的腹心地帶。

孫吳是不能容下這個肉中刺的，一旦周瑜拿下荊州，孫吳軍在外界壓力減弱的情況下，會東西夾擊拔掉這顆肉中刺。到那時候，諸葛亮等人就危險了。

然而現在又必須留在江夏，因為在這個特殊的時刻，江夏郡對於劉備發展，有著其他地方無法相比的優勢。

在江夏郡的西面，只有周瑜率領的 3 萬孫吳軍隊與曹軍作戰，而孫吳的大部分軍力在江夏郡的東面。

諸葛亮率劉備集團主力 2 萬多人駐紮此地，一旦向西南荊州方向發展，動作要比孫吳迅速得多。

赤壁大戰，曹操的 30 多萬大軍，被孔明打得七零八落，敗軍只顧得向西方逃命。東吳周瑜也親自率領大軍，一路追趕，周瑜的主要目的是在攻取南郡。

周瑜渡過長江，大本營在江邊剛剛紮好，劉備的代表孫乾，就帶著禮

物來給周瑜賀喜！周瑜一見孫乾的面，便馬上問劉備現在什麼地方，孫乾告訴他說劉備和孔明二人已經到油江去了，周瑜的臉上立刻露出一副吃驚的表情。

孫乾回去以後，魯肅問周瑜：「都督，剛才您聽到劉備和孔明到油江去，怎麼會表現得那樣驚慌？」

「劉備趕到油江來，他的目的當然是想去南郡，這一定又是孔明出的壞主意，我辛辛苦苦打敗了曹操，他卻坐享其成，除非我周瑜死了，他休想做這個夢，讓我親自找孔明說去。」

於是，周瑜和魯肅立刻起程到油江，表面上是答謝劉備所送的禮物。

劉備聽說周瑜來了，對孔明說周瑜真懂得禮貌，剛才只送了他一點禮物，卻親自跑來道謝，孔明卻搖了搖頭說：「哪裡是什麼答謝！這樣一點禮物還值得周瑜親自來答謝嗎？周瑜的真正目的，無非是為了南郡的問題來探聽罷了！」

孔明說完這話，稍微停頓了一下，走近劉備身邊，湊到劉備的耳根，低聲地說了幾句話，然後高聲地說：「他如果提到南郡的問題，您就用我的話來應付他。」

見過劉備之後，周瑜就問道：「豫州移兵到此，是不是有意要取南郡呢？」

這一切早在諸葛亮預料之中，劉備依諸葛亮之計答道：「要是都督不取，我便一定要取。」

周瑜笑道：「我們東吳早就想吞併漢江之地，如今南郡可以說已在手中了，怎麼會不取呢？」

劉備道：「勝負還說不定呢！守南郡的曹仁勇不可當，只怕都督難辦啊！」

周瑜道：「要是我拿不下來，到時任你們去取。」

劉備道：「子敬、諸葛亮也在這裡，他們可作證人，都督可不要反悔！」

魯肅心裡躊躇不定，可周瑜已經答道：「大丈夫一言既出，駟馬難追。」

周瑜走後，劉備抱怨著對諸葛亮說：「你教我這樣說，不是把南郡白白地送給了東吳了嗎？」

諸葛亮笑著說道：「不會的，我自有辦法。」

周瑜回到營中，開始調兵遣將。命蔣欽為先鋒，徐盛、丁奉為副將，帶 5,000 精銳兵馬，前去攻打南郡。誰知在城外被曹仁一戰打敗。

甘寧領兵攻擊彝陵，被曹洪圍困。周瑜親自統兵去救，才使甘寧化險為夷。吳軍遂圍困南郡。

後曹仁拆開曹操臨走時交給的密信觀看，叫軍士五更造飯，天明，大小軍馬盡皆離城，城上遍插旌旗，虛張聲勢，軍分三門而出。

周瑜見曹兵分三門而出，牆邊虛插旌旗，無人守護，又見軍士腰下各束包裹，他暗忖可能是曹兵要逃走。於是命令韓當、周泰帶兵追擊，親自引人前來搶城。

周瑜率數十人進入城中，徐晃、陳矯埋伏在此，兩邊弓弩齊發，勢如驟雨。爭先入城的，都跌入陷坑內。

周瑜急勒馬回時，被一箭射中左肋，翻身落馬。徐晃、陳矯、牛金等將從城內殺出，周瑜被部下捨命救走。曹洪又返身殺回，吳軍大敗，死傷無數。

周瑜回到帳中，用鐵鉗子拔出箭頭，將金創藥敷上傷口，疼痛難當，飲食俱廢，醫生說：「此箭頭上有毒，急切不能痊癒。若怒氣衝激，其瘡將復發。」

程普等人只好按兵不動。

周瑜的心胸是出了名的狹窄，自從在南郡吃了曹兵一場暗算，氣得死去活來。當他正在療養箭傷的時候，當然暫停和曹兵交戰。

曹仁知道他的器量狹窄，便叫士兵們天天到周瑜營門前去叫罵，罵周瑜沒有出息，打了一次敗仗，就龜縮到洞裡不敢出戰！曹仁的意思，是想趁此機會氣死周瑜。

起初，周瑜只知道營門外吵吵鬧鬧，到底是為了什麼事情，並不清楚，他的部下也不敢把實情告訴他。不久，終於讓周瑜知道了，他便從病床上一躍而起，披甲上馬，部將們根本勸阻不住；周瑜帶著100多個精壯騎兵，衝向曹仁兵營。

周瑜廝殺了一陣，口吐鮮血滾下馬來，經人救了回來。回營後，周瑜告訴他的部將說：「我這次出戰是有作用的。現在，你們散播謠言，就說我因為帶病出戰，回來後箭傷發作，已經死去。同時叫士兵們一律戴孝，讓曹仁相信我真死了，另外派十幾個小兵到那邊詐降引誘曹仁晚上來劫營。」

軍中盡言都督箭瘡大發而死，各寨奏起哀樂，軍士皆披麻戴孝。

自從東吳這方面把周瑜病死的消息傳到曹仁耳朵裡，接著又有十幾個士兵跑來投降，曹仁相信周瑜真的死了，就在當天的半夜發動劫營。

曹仁率領所有兵馬出發，只留陳矯領少數軍士守城，其餘軍兵盡起，殺向吳軍大寨。只見南郡城裡只剩幾個老弱殘兵留守，他心想這一下子，一定可以把東吳的兵馬整個解決。

果然，周瑜的大本營，簡直看不到半個人影，曹仁心裡暗暗稱喜，突然，一陣吶喊聲，大批人馬從大本營裡衝殺出來，火把也點了起來，大地被照耀得像白天一樣。

周瑜手拿著武器，直向曹仁衝殺過去。曹仁看見了周瑜，還以為是他的鬼魂出現，嚇得滿身冷汗，差一點兒從馬上滾下。

東邊韓當、蔣欽，西邊周泰、潘璋，南邊徐盛、丁奉，北邊陳武、呂蒙一齊殺來，曹兵被圍困在核心，陣勢大亂，首尾不能相救，死傷無數。

黑夜裡兩軍一團混戰，一直廝殺到五更，曹兵全被瓦解。曹仁、曹洪、徐晃不敢回南郡，引敗殘軍馬投襄陽大路而行。周瑜、程普收住眾軍，徑到南郡城下，見旌旗滿佈，城樓上站著一將，銀盔銀甲，威風凜凜，大聲叫道：「吾乃常山趙子龍，奉我家軍師之命，已將南郡取了，都督休怪！」

周瑜大怒，下令攻城。城上箭如雨發，周瑜只好退兵，商議先去取襄陽，回頭再來取南郡。忽然兵馬來報：「夏侯在襄陽，諸葛亮派人詐稱曹仁求救，引夏侯出兵，卻讓關雲長取了襄陽。」

周瑜聞之大叫一聲，金瘡迸裂。眾將再三勸解，周瑜氣憤地說：「我不殺掉孔明，怎麼能洩我心中這口怨氣，程德謀可助我攻打南郡，一定要奪回南郡。」

正說話間，魯肅來了，周瑜對他說：「孔明欺人太甚，我要出兵攻打劉備和孔明，決一雌雄，復奪南郡，望子敬幫我。」

魯肅說：「不可，如今與曹操對峙，尚未分出勝負，主公現攻合肥不下，孫劉兩家互相吞併，倘若曹操趁機偷襲，則危險至極。而且劉備曾與曹操有些交情，如果逼得太急，劉備投靠曹操，一同來攻打東吳，可就難辦了。不如讓我到劉備那邊走一趟，設法說服劉備，要他將這幾座城還給我們，如果他不肯，再動手也不遲。」

魯肅遂辭別了周瑜，來到了南郡。趙雲說劉備與諸葛亮一同正在荊州。魯肅便又徑直來到了荊州。

到了荊州，魯肅看到劉備的軍容整齊，士氣旺盛，心中暗暗地佩服：「孔明當真是一個了不起的人物！」

得知魯肅來的消息後，諸葛亮打開城門，親自出迎。

魯肅說：「這次曹操帶領了 30 萬的大軍南下，主要的目的是進攻劉皇叔，那時，我們東吳出動大軍，才救了劉皇叔。所以荊州八郡，應該歸東吳所有，現在，你們卻用計謀奪占了荊州，恐怕是於理不順。」

諸葛亮笑著說：「子敬是一個講道理的人，為什麼今天說出這樣的話呢？正所謂『物必歸主』，這荊州八郡並非是東吳的領土，而是劉表的基業，劉備乃是劉表宗族兄弟，劉表雖然死了，但是他的兒子劉琦還在，劉皇叔以叔父的身份幫助侄兒管理荊州，豈不是名正言順。」說到這裡，便讓劉琦出來拜見魯肅。

魯肅聞言，心中吃驚，一時默默無語，待劉琦走後才說道：「劉公子在一天，劉皇叔便代管一天，倘若公子去世了，荊州就必須還給東吳。」

諸葛亮自然是很高興地同意了。

魯肅回去後，周瑜聽了魯肅的敘述，當下氣憤地責備魯肅說：「你又上了孔明的圈套了，劉琦年紀輕輕的，怎麼會那麼快死呢？他不死，東吳永遠拿不到荊州。」

魯肅說：「我看那劉琦滿臉發青，已經是病入膏肓，不過半年必死。那時候再取荊州，劉備就沒有什麼託詞了。」

果然，魯肅的眼光不錯，劉琦就在半年之後患了肺病離開了人間。

荊州由劉備占領，孫權感到卸掉了承擔西線曹兵壓力的擔子，另一方面又在上遊懸起一把時時都可能劈下來的利劍。把荊州讓給劉備的擔心、不甘心的情緒，時時襲擾著孫權。

而在劉備方面，進攻的重點方向是從荊州向西、向北，向東進攻東吳

則沒有列入諸葛亮的「隆中對」議事日程。

因此，如何與東吳搞好關係，鞏固聯盟，讓孫權對荊州不感到威脅、擔心，是諸葛亮治理荊州時所考慮的問題之一。

魯肅是東吳政權中頗有遠見的政治家，他對與劉備聯合共同抗曹有著清醒的認識和堅決的態度。諸葛亮治理荊州期間，始終與魯肅保持著密切的關係。

孫劉沒有刀兵相見，使諸葛亮順利地奪得了江南四郡。

正在這時，人報公子劉琦病亡。諸葛亮一面料理喪事，一面派大將前去襄陽鎮守。

劉備問諸葛亮：「如今劉琦已死，東吳必來討荊州，如何對答？」

諸葛亮說：「若有人來，我自有言對答。」

過了半月，果然人報魯肅前來弔喪。

魯肅一見到孔明，立刻表示：「聽說劉琦不幸病故，所以周都督派我特地奔喪。」

諸葛亮心中知道魯肅的來意，只是故意裝作不知。預備上好的酒席招待魯肅。

酒過三巡，諸葛亮始終不提歸還荊州的事情，魯肅終是忍耐不住，開口對劉備說：「以前，孔明親自承諾，如果劉琦去世，立刻把荊州歸還給東吳，現在，劉琦既然去世，就請將荊州還給東吳吧！」

劉備未及回答，諸葛亮變色說道「子敬好不通理，我主人乃中山靖王之後，孝景皇帝玄孫，當今皇上之叔，豈不分茅裂土？何況劉景升乃我主之兄，弟承兄業，有何不順？劉琦雖亡，其子、其弟猶在，尚輪不到東吳。你主乃錢塘小吏之子，素無功德於朝廷，今倚勢力，占據 6 郡 80 多縣，尚自貪心不足而欲併吞社土。」

「劉氏天下，我主姓劉倒無分，你主姓孫反要強爭，且赤壁之戰，我主多負勤勞，眾將並皆用命，豈獨單憑東吳主力，若非我借東南風，周郎安能展半籌之功？江南一破，休說置二喬於銅雀台，就是公等家小，也不能保。剛才我主人沒有答應，乃是以子敬為高明之士，公為什麼沒覺察到呢？」

一席話說得魯肅緘口無言，過了半天才說：「孔明說得不錯，只不過對我來說不大好看。要我死倒沒關係，只怕弄得兩家不和，倒不太好。」

諸葛亮說「曹操百萬大軍，我們也不害怕，何況周瑜是個毛孩子，如果怕先生臉上不好看，我勸主公寫個憑據，只說暫借荊州，將來我們主公得了西川再變還東吳。」

魯肅沒辦法，只好答應。

於是，劉備親自寫了憑據，魯肅簽了字，保人諸葛亮也簽字畫押。

魯肅回到柴桑，見到周瑜，魯肅把借荊州的憑據拿了出來，周瑜看後頓腳說道：「子敬中了諸葛亮的計。你知道他什麼時候能夠打下西川，如果 10 年打不下來，就 10 年不還，這個憑據又有什麼用呢？如果他們長期不還，主公怪罪起來，恐怕要連累你了。」

周瑜一番話，說得魯肅也不由得擔憂了起來。

過了幾天，有軍士報說荊州城裡人都掛了孝，劉備的夫人去世了。

周瑜喜上眉梢，對魯肅說他有一條計策，管教劉備逃不出手掌心。

周瑜對魯肅說：「劉備的夫人才死不久，我們主公孫權有一個妹妹，不但人長得非常漂亮，而且還有一身武藝，她的房間裡面經常陳列著很多的兵器，她非要嫁一個有本領的人不可，所以到今天還是待字閨中。我們就以招劉備入贅為藉口，等他到達時，就將他扣留下來作為人質，逼孔明拿荊州來換。」

周瑜和魯肅商量妥當後，便由周瑜寫了一封信，要魯肅親自送給孫權，徵求孫權的同意。

孫權對於周瑜的美人計十分贊成，便挑了一個辦事最牢靠的呂範到荊州去做媒。

自從甘夫人去世後，劉備晝夜煩惱。正在這時，東吳提出與他們聯姻，要將吳主孫權的妹妹嫁給劉備。

當然，要到東吳去，劉備心裡難免有點兒害怕。

孔明對劉備說：「請不要害怕，我讓趙雲陪你一起去，同時，我準備了3個密封好的錦囊，遇到為難時，按著一二三號碼的次序打開來，依照裡面所寫的辦法去做就是了，請皇叔放心去吧！」

於是，劉備就帶了趙雲和500名軍士，坐船直駛東吳。

一到東吳上了江岸，劉備就打開第一號錦囊，內容是叫500軍士一齊到街上採辦訂婚用的豬羊禮品，並且大肆宣揚這些禮品，是劉皇叔和孫小姐結婚要用的。

立刻一傳十、十傳百的，傳了開來，全東吳的人都說，吳侯的妹妹孫小姐就要和劉皇叔結婚了。

然後，依計劉備和趙雲兩人就去拜望喬國老，說明是到東吳來和孫小姐結婚的。此外什麼事都不用做，只等孫家決定婚期。

孫權的母親吳國太最喜歡她的小女兒孫小姐。喬國老是孫策的岳父，自從劉備到喬國老家裡去說明來意後，第二天喬國老就去向吳國太賀喜，說：「親家，恭喜，恭喜！」

「恭喜什麼？」吳國太睜大了眼睛，反問喬國老。

「昨天劉皇叔來看我，他說孫權派呂範到荊州去說媒，要把孫小姐給他做夫人，所以，他特地從荊州趕到東吳來迎娶。小姐要出嫁了，難道國

太還不知道嗎？」

　　吳國太一聽，又氣又惱，馬上把孫權叫來詢問真相，孫權一五一十地說明這件事的始末，並不是真要把妹妹嫁給劉備，只是以此為名，引誘劉備到東吳來，好向劉備索回荊州，如果劉備不還荊州，就殺掉他！並且說這不是自己的意思，而是周瑜想出來的計策。

　　吳國太聽完孫權的報告，痛罵了孫權一頓，一面要孫權把周瑜叫來，一會兒，周瑜來見吳國太。

　　不等周瑜開口說話，吳國太劈頭就是一頓痛罵：「你做了大都督，想不出正當辦法去要回荊州，卻利用我的女兒玩什麼美人計，拿我的女兒出醜，你們既然要把我的女兒嫁給劉皇叔，如果殺了劉皇叔，我的女兒豈不還沒出嫁，就先成了半個寡婦了。」

　　周瑜給吳國太罵得半天說不出話來，喬國老在一旁，覺得這件事情總應該有一個合理的解決，便勸說：「劉備到東吳來迎娶孫小姐，現在鬧得東吳的老百姓沒有一個人不知道，倒不如將錯就錯，乾脆就讓他們結婚吧！」

　　「不過，他們兩人的年齡不大相稱吧？」吳國太有些猶豫地說道。

　　「年齡大點有什麼關係，劉皇叔是皇親，你的女兒嫁給劉皇叔，也是一件光榮的事情。」

　　喬國老說完，吳國太狠狠地向孫權和周瑜看了一眼，沒好氣地說：「我還沒見過劉皇叔，明天上午你們把劉備帶到甘露寺來給我瞧瞧！我如果看得中意，就讓他和我女兒成婚，如果看不中意，你們愛怎麼辦就怎麼辦吧！」

　　當天，孫權派呂範到甘露寺預備酒席，呂範要求孫權派 300 名刀斧手在寺裡埋伏著，如果吳國太不喜歡劉備，當場就把劉備殺掉。孫權允諾。一面通知劉備，要他在第二天上午到甘露寺和吳國太見面。

劉備接到通知以後，就和趙雲、孫乾商量，趙雲認為這事情兇多吉少，決定帶領 500 個士兵一造成甘露寺，好隨時保護。

第二天，劉備穿了一套新衣服和趙雲兩人到了甘露寺。這時，孫權和他手下的許多謀士，都已經先在那裡等候了，只有吳國太還沒來。

不久，喬國老陪著吳國太來了。吳國太一見劉備相貌堂堂，心裡非常高興，便對喬國老說：「劉皇叔做我的女婿，我實在太滿意了！」

孫權聽到吳國太這句話時，心頭一愣！知道這件事情已經弄假成真了。

劉皇叔和吳國太等就一起歡飲起來，宴會中途，趙雲輕輕地向劉備報告走廊旁邊有刀斧手埋伏著。

劉備一聽，馬上走到吳國太座位旁邊，跪在地下，對吳國太說：「走廊旁邊有好多刀斧手埋伏著，不知在這種場合裡要他們幹什麼？」

吳國太一聽，大發脾氣，要孫權撤走所有的刀斧手。

第二天，劉備獨自去拜訪喬國老，並且說東吳有好多人想謀殺他。喬國老勸解一番以後，就去看吳國太，並且把劉備的話告訴了吳國太。

吳國太一聽，就說：「劉備已經是我的女婿，誰還敢再打他的主意？明天請劉皇叔搬到府裡來暫住，等我選定了黃道吉日，就給他們成婚。」

喬國老走後，吳國太派人通知劉備。第二天，劉備巧妙地遷到吳國太府中安居。

劉備順利地和孫權的妹妹結了婚，婚後夫妻感情極好。孫權看到這一出弄巧成拙的戲，便宜都給劉備占盡了，心裡實在不是滋味，也開始埋怨起周瑜。

周瑜安慰道：「不要緊，我還有一個辦法。劉備出身貧苦，從沒有享受過舒適的生活，現在他新婚不久，全部精神都放在公主身上，我們不

妨再多給他一點享樂，讓他一輩子沉醉在享樂的日子裡，永遠不想回荊州。」

「那麼，不管孔明和關雲長、張飛等幾個人有多大本領，我們也不怕拿不回荊州！」

孫權聽了，覺得很有道理，便馬上派人把劉備和孫夫人住的地方，整修得非常漂亮，而且天天派人送些好吃的和好玩的東西給劉備。果然，劉備中了計，哪裡還有回去的念頭。孫權看到這一次的計劃完全成功，非常高興！

可是，劉備這種只貪圖眼前享樂，忘記了國家大事的情形，趙雲看在眼裡，簡直急壞了！這時，他突然想起臨走的時候，孔明給他的 3 個錦囊，才只用了一個，現在，又臨到緊急關頭，於是打開第二個錦囊。

趙雲打開一看，馬上去見劉備。劉備這時正和孫夫人親密地談笑，聽婢女傳報趙雲求見，心裡很不高興，可是又不能不接見他。

趙雲裝作吃驚的樣子對劉備說道：「今早諸葛亮派人來報，說曹操要報赤壁之恨，率精兵 50 萬，殺奔荊州而來，情況十分危急，請主公這就回去。」

「好，讓我和夫人商量一下就走。」劉備也著急起來。

「主公要和夫人商量，她一定不肯放您回去，還是偷偷地走了吧！」趙雲主張偷跑。

「這可不行，你先回去。」劉備堅持和夫人商量，趙雲很不高興地走了。

劉備回到房裡，一看到夫人，要走的話就又說不出。可是，一想到荊州危急，又安不下心來，不免為難起來。劉備坐在夫人旁邊，不停地唉聲嘆氣。夫人注意到有點不對勁，問道：「莫非你有什麼心事不成？」

「沒有什麼，只是年關到了，不免想起家來。」

「你不必瞞我了！剛才趙雲對你講的話，我已聽到，荊州很危急！你想回去是不是？」孫夫人說破了劉備的心事。

事到如今，劉備只好實話實說道：「荊州的確很危急，我不能不回去，可是，我又捨不得離開夫人你呀！」

「你不必難過，你有事情要走，我當然也跟你去，等我稟告母親後，我們一起走就是了。」

劉備一聽夫人要稟報吳國太以後才走，心想國太知道這消息後，一定會告訴孫權，孫權怎麼會輕易放他回去呢？

於是，劉備就要求夫人，讓他一個人回去算了，等他打退曹兵，荊州太平後，再來接夫人到荊州去同住。

孫夫人突然說道：「這樣辦吧！再過 3 天，就是大年初一了，我們就在當天早上，說是要到江邊去祭拜你遠在北方的祖先，趁此機會，我們一走了之，你說這方法好不好？」

劉備一聽，非常高興，他們就決定等到大年初一照預定的計劃行事。

劉備把趙雲請了來，說明了他們的計劃，並叫趙雲在大年初一清早，把 500 軍士分批預先派到江邊去等著，好一起回荊州。

3 天以後，就是大年初一，孫夫人對吳國太說，要陪劉備到江邊去祭祖，吳國太答應了，這樣小的事情國太自然沒有告訴孫權知道的必要。

於是，這天大清早，劉備和孫夫人兩個就悄悄地出了門，坐上車直奔江邊。到了江邊，趙雲笑嘻嘻地迎了上來，他們帶著 500 軍士，拚命地趕路。

這天是大年初一，孫權喝了一上午的酒，爛醉如泥，躺在床上。到了晚上，有人發覺劉備和孫夫人一起逃走了，就去報告孫權，可是，孫權酒醉未醒。

第二天，孫權聽說劉備走了，急忙派人追趕。劉備一行一路顛簸，前有攔截，後有追趕。

趙雲這時拆開了第三個錦囊給劉備，劉備看了，忙到孫夫人車前哭告周瑜、孫權的陰謀，求夫人解難。

孫夫人聽罷怒然說道：「我兄既然不把我當作親骨肉，我有什麼面子再要去見他。」於是，親自出馬，與趙雲擋住前後四將追趕。

後面蔣欽、周泰追來，對前面四將道：「奉吳侯之命，先殺他妹，後斬劉備。」於是一同追趕，又派二將回去飛報周瑜，叫人水路去趕。

劉備等到了岸邊，追兵在後塵土衝天，危急之時忽見岸邊拋著篷船20只，子龍忙引劉備、孫夫人及500軍士上船。只見船艙中走出一人，羽扇綸巾，笑道：「恭喜主公，諸葛亮在此等候多時了。」

船中扮作客人的原來都是荊州水軍。劉備大喜。不多時，後面四將追趕而來，諸葛亮對岸上人道：「你等回去轉告周郎，不要再使美人計了。」

岸上亂箭射過來，船卻早已開遠了，四將只好呆看。

劉備與諸葛亮正行之間，忽然江聲大震，周瑜親自帶水軍追來，快似流星。諸葛亮教停船上岸，車馬登程。

周瑜等也追上岸來，都是步行水軍，只有為首官軍騎馬。追到黃州界首，已望見劉備車馬不遠。

正趕之間，只聽一聲鼓響，山谷內一隊刀兵擁出，為首一大將正是關羽關雲長。

兩軍殺出，吳軍大敗。周瑜等潰逃，周瑜剛一掉頭，山腰裡又殺出一隊人馬，原來是黃忠、魏延奉了諸葛亮的軍令，在這裡等候。

好不容易，周瑜逃到了江邊，正要上船卻聽岸上軍士齊聲大喊道：

「周郎妙計安天下，賠了夫人又折兵！」

周瑜大怒道：「可再登岸決一死戰！」眾人忙勸住。他暗自思量道：「我計沒有成功，有什麼臉面回去見吳侯。」大叫一聲，金瘡迸裂，倒在船上，眾將急救，卻早已不省人事。

周瑜大意失荊州，幸虧孫權的度量大，不但沒有責備周瑜的失算，鬧出了「賠了夫人又折兵」的笑話，還安慰周瑜，叫他不必生氣，好好靜養，等病好了再報仇雪恨不遲。

周瑜一直想著要報仇，見荊州之事一再拖延，劉備說要取西川，只是不動兵，便上疏孫權派魯肅再去催。

諸葛亮知道魯肅這次來又是為了歸還荊州之事，便讓劉備等魯肅一提到荊州之事，便只管放聲大哭，自己則躲避在屏風後面，靜觀其變。

魯肅到來與劉備寒暄一陣之後，果然說道：「我這次來一方面是為了看你，一方面還是為了荊州的問題。當初你借荊州，是我做的證人，現在，東吳一定要收回荊州，我不能不負責將荊州交還，請你把荊州還給東吳吧！我作為證人也好有個交代。」

魯肅話說到這裡，劉備已經放聲大哭了起來。

魯肅正感到莫名其妙，諸葛亮從屏風後面走了出來，一面安慰劉備，一面對魯肅說道「西川益州劉璋是我主之弟，都是漢朝骨肉，要是去奪他的城池，怕會遭天下恥笑。若要不取，還了荊州，又無處安身，真是兩難。」

劉備這時不由得又捶胸頓足，放聲大哭起來，請魯肅再容幾時。魯肅是個寬厚的長者，見此情景，只得應允，回去稟告周瑜。

周瑜聽了一跺腳，說道：「子敬又中諸葛亮之計！」

便叫魯肅去告訴劉備，由東吳出兵去取西川，作為孫權之妹的嫁資給

他，叫劉備交還荊州。

魯肅道：「西川那麼遠，取它怕是不容易啊！」

周瑜道：「子敬真是老糊塗了。你以為我真的會取了西川給他？我只是以此為藉口，實際上是要取荊州，且叫劉備沒有提防。我們東吳兵收西川，路過荊州時，向劉備索要錢糧，劉備一定會出城勞軍，那時我們就乘勢殺了他，奪取荊州，雪我心頭之恨。」

魯肅一聽大喜，便又往荊州來，告之劉備。

諸葛亮早就知道魯肅的來意，讓劉備儘管滿口答應。

劉備拱手稱謝道：「這都是子敬好言出的力啊！雄師到來，我一定出城勞軍。」

諸葛亮也道：「吳侯真是好心！」魯肅暗喜，宴後告辭。

諸葛亮對劉備道：「這叫『假途滅虢』之計。虛名收川，實取荊州。『攻其不備，出其不意』。這次周瑜到來，他即便不死，也將九分無氣。」

魯肅回去後，告訴周瑜，劉備、諸葛亮滿口答應了此事，周瑜便派甘寧做先鋒，呂蒙、凌統做後盾，親自與徐盛、丁奉領中軍，出動水陸大軍5萬人，向荊州而來。

到了城下卻不見動靜。周瑜命軍士叫門。只見城牆上插著兩面白旗，沒有半個人影。

周瑜大聲叫道：「城裡可有人在？趕快開門，我們是吳軍。」

城裡聽到有人叫門，城頭上便站出一個人來，問道：「誰在叫門？」

吳軍馬上叫道：「東吳周都督親自領兵到此，趕快開門迎接！」

忽然一聲梆子響，城上軍兵一齊豎起刀槍，趙雲出來對周瑜道：「都督之計已被我軍師識破。我家主公與劉璋皆為漢室宗親，不能背義而奪西川。」

周瑜一聽，知道對方已經有了計策，撥馬便回，早被諸葛亮四路人馬圍殺，喊聲遠近震動百餘里，都要捉住周瑜。

周瑜大叫一聲，箭瘡又裂，墜下馬來。左右急忙救上船去。

軍士傳話說：「劉備、諸葛亮在前面山頂上飲酒取樂。」周瑜大怒，咬牙切齒道：「你以為我周瑜取不了西川，我發誓一定取下。」便下令催軍隊前進。

行到巴丘，諸葛亮已派二將領軍截住水路，並讓人給周瑜遞來一封書信，周瑜拆開看道：「亮與公瑾自從柴桑一別，至今非常想念。聽說足下要取西川，恐不可舉。益州民強地險，完全能夠自守。公瑾如今勞軍遠征，轉運上萬里路，要想收到全部功效，就是吳起、孫武也難以做到。曹操在赤壁一戰失利，豈能不立志要隨時報仇？現在足下率兵遠征，倘若曹操乘虛而入，江南就會全垮。事關重大，我不能不管，請足下三思而行。」

周瑜看罷，長嘆一聲，叫人取來紙筆，上疏吳侯。同時，把眾將聚到左右，說道：「我並非不想盡忠報國，無奈天命已絕。你們好好輔佐吳侯，共成大業。」說完，昏了過去。

周瑜再次醒過來時，仰天長嘆一聲：「既生瑜，何生亮！」連叫數聲而死，享年 36 歲。

周瑜死後，孫權遵循他的囑託，任命魯肅為都督，總統東吳兵馬，一面發周瑜靈柩回葬。

諸葛亮在荊州，知周瑜已死，便對劉備說：「我得往江東走一趟，以弔喪為由，以安撫東吳將士之心。」

劉備道：「只怕東吳的將士會加害於先生。」

諸葛亮道：「周瑜在時我都不怕，如今還有什麼好怕的？」於是帶

上趙雲等 500 軍士便走了。

諸葛亮到了柴桑之後，魯肅以禮迎接他。周瑜部將都要殺諸葛亮，因看到趙雲帶劍相隨，不敢下手。諸葛亮教設祭物於靈前，親自祭酒，跪在地上，口讀祭文。

諸葛亮祭完，伏地大哭，淚如泉湧，哀慟不已。眾將都相互說道：「人人都說公瑾與諸葛亮和不來，今天看諸葛亮的祭奠之情，恐怕是人們都說錯了。」

魯肅見諸葛亮如此悲切，也十分感傷，暗暗想道：「諸葛亮本來是個多情的人，而公瑾氣量就過窄了，自己害了自己呀！」

魯肅設宴款待諸葛亮，共同商議禦曹之事，兩家關係趨於緩和。宴罷，諸葛亮便告辭要回去了。

諸葛亮剛要下船，卻見江邊有個人，穿著道袍，頭戴竹冠，一把抓住諸葛亮大笑道：「你氣死周瑜，卻又來弔孝，明明是欺負東吳沒有人了嘛！」

諸葛亮一看，也不由大笑起來，原來竟是鳳雛先生，龐統龐士元。

兩人攜手一起登船，相互傾心交談。

交談中，諸葛亮知道龐統現在在東吳並不得意，便給龐統留下一封信，叮囑道：「我想孫仲謀必不能重用你。稍有不如意，可來荊州和我一起共同輔佐劉備。這個人寬仁厚德，一定不會辜負兄平生之所學。」

龐統答應了，和諸葛亮告別，諸葛亮回了荊州。

魯肅在諸葛亮走後思索，劉皇叔有這樣一位足智多謀的人才來幫助，對於東吳實在是一個嚴重的威脅，而他自己的本領卻不如孔明的十分之一，為了東吳，應該再找一個多才多藝的人來協助自己。不由想起了有鳳雛之名的龐統。

魯肅便去見孫權，把自己的意思說了一遍。

第二天，孫權召見龐統，見龐統相貌長得古怪，心中不大歡喜，又見龐統說話態度顯得很是驕傲，並未重用龐統。

過不多久，龐統就辭別了魯肅，離開東吳前往荊州找劉備。臨走時，魯肅也寫了一封介紹信，交給龐統帶走。

諸葛亮離開柴桑，並沒即刻回到荊州，而是趁著弔喪的機會，沿途到各地方巡視。

當龐統到達荊州見劉備的時候，諸葛亮還沒有回來。

龐統既沒有拿出魯肅的信函也沒有拿出諸葛亮的介紹信，見到劉備只彎腰做了一個揖。

劉備見他「貌陋，心中不悅」，不像諸葛亮是「身高 8 尺，容貌甚偉」的美男子。

劉備也覺得龐統太沒有禮貌，也不會有什麼才能，便派龐統到樂陽縣做了一個縣令。

龐統到了樂陽，整天喝酒，喝醉了就睡覺。

過了 10 天，恰巧張飛到樂陽巡視，聽老百姓說新來的縣令只管喝酒睡覺，不理縣政。便要治龐統耽誤公務的罪名。

龐統說道：「要不了半天，我就可以把 10 天的事情一下子辦完。」說著讓部屬將 10 天的公務全部拿來。果然，不到半天統統辦完了。

張飛一看，吃了一驚，回去後就告訴了劉備。

劉備看了魯肅的推薦信，劉備才覺得懊悔，信裡告誡劉備「如以貌取之，恐負所學，亦終於他人之所用，實可惜乎哉！」

恰巧諸葛亮也回到了荊州，便將龐統詳細地介紹了一番，劉備聽後急忙將龐統請了回來。改派為副軍師，對諸葛亮柴桑之行更是大加讚賞。

取益州安邦定國

自從結識諸葛亮以來，劉備的政治生涯發生了深刻變化，他不再是盲目地四處闖蕩，而是有著一步一步切實可行的戰略；他不再被失敗的夢魘所纏繞，而是經常品嚐著勝利的甜果；他不再是一塊被軍閥爭戰的潮水衝來衝去的碎石，而是一塊根深蒂固的小洲。

劉表政權中降曹派沒有把他排擠出荊州，曹操的幾十萬大兵沒有把他驅趕出荊州，孫吳的明爭暗奪也沒有使他失去荊州。而這一切，不能不歸功於諸葛亮「隆中對」的指導。

諸葛亮幫助劉備根植於荊州。

荊州是諸葛亮的第二故鄉。想當初，諸葛亮迫於戰火淪為異鄉遊客時，荊州以它博大的胸懷接納了他，使他結束了輾轉流離的遊子生活。

諸葛亮 15 歲來到荊州，34 歲時離開荊州，在這裡整整度過 20 個春秋。

在這 20 年中，有 10 年是在隆中隱居，而這 10 年正是他的青年時期，是人生的黃金階段。這裡的人傑地靈，給了他知識，給了他智慧，也給了他出仕的機緣。

荊州是諸葛亮政治、軍事生涯的起步之地。在這裡，他遇到了理想中的明主，做出了一生中最關鍵、最重要的抉擇。

諸葛亮在「隆中對」中為劉備集團制定了建立霸業、恢復漢室、實現統一、拯救民生的政略和戰略方針。

然而，要達到這個遠大的政治目標，就得首先實現跨有荊州、益州的戰略計劃，以實行兩路出擊夾攻中原的戰略。

　　而跨有荊、益，首先的前提是據有荊州，只有占領了荊州，才能溯江西上進入益州，也才能使西進巴蜀獲得堅實的戰略依託。

　　對於諸葛亮所輔佐的劉備集團來說，沒有荊州，便不能實現跨有荊、益的計劃，便不能對中原進行鉗形夾擊，自然也無法實現最終的政治理想。

　　這才是諸葛亮乃至劉備看重荊州的最深層的原因。

　　諸葛亮在荊州的 20 年，大體上可分 3 個階段。

· 從興平二年到建安十二年，是他借寓荊州和隱居隆中的時期。

· 從建安十二年到建安十四年，是他輔佐劉備在荊州尋求立足的時期。

· 從建安十四年到建安十九年諸葛亮奉劉備之命率兵入川，是他協助劉備治理荊州的時期。

　　從建安十四年到建安十九年，劉備在荊州的勢力和地盤經過了多次變化。

　　劉表在世時，劉備的勢力主要侷限於新野、樊城。劉表死後，劉備轉而據有江夏郡。

　　赤壁之戰後，劉備一下子占領了荊州南部長沙、零陵、桂陽、武陵 4 郡，地盤最大時又領有南郡。第三次重分荊州後，仍占有荊州的 3 個郡。

　　自從占領荊州南部 4 郡以後，劉備、諸葛亮的威名遠播，隨著地盤的擴大，需要管理的行政地區不斷增加，對管理行政機構的人才需求也越來越多。

　　身為軍師的諸葛亮，在協助劉備治理荊州的過程中，表現出了政治家的傑出才能。

　　在諸葛亮治理荊州的整整 5 年中。他積極網羅人才，參與荊州的人事安排，妥善處理與東吳的關係，安撫南部的少數民族，督調諸郡，調發糧賦，為此晝夜操勞。

據史書記載，劉備在荊州期間，歸附劉備集團的荊州人士有黃忠、龐統、馬良、陳震、丁立、蔣琬、鄧方等人。

占領荊州，奪取益州，是諸葛亮在「隆中對」中描繪的三分天下宏圖。只有奪取益州，劉備才能真正站穩腳跟，進而問鼎中原，「興復漢室」。

建安十六年，一個天賜良機竟然落到劉備和諸葛亮手裡。這一年，領益州牧的劉璋聽說曹操將要征伐當時占據漢中即今陝西西南的張魯，心裡很緊張，漢中一失，益州也就很危險了。

這時，他手下的兩員大將張松和法正就勸他道：「不如將占據荊州的劉備請來攻打張魯，占領漢中，這樣就可以增強抵抗曹操的力量了。」

表面看來，赤壁一戰，劉備與曹操已勢不兩立，劉備領兵抗曹，較之張魯，當然力量大得多，但劉璋是一個見識淺薄、懦弱無能的人，對待事物只能觀其表而不能透其裡。

劉備在東漢末午的歷史舞台上可謂一個風雲人物，在天時、地利、人和三要素中，他早已占了兩項，即天時與人和。

東漢末年，天下大亂，這恰好給了劉備施展其抱負的歷史舞台，此為天時。

赤壁之戰後，劉備手下已擁有一大批文臣武將，且皆劉備的患難兄弟，如諸葛亮、關羽、張飛、趙雲等，此人和也。這樣，劉備欲成霸王之業，所缺少的正是地利一項。

恰在此時，劉璋卻主動要求劉備進川，這無異於拱手送給劉備一個天府之國，補其地利。

劉璋此舉正所謂是「引狼入室，自取滅亡」。

當劉璋派法正前往荊州去請劉備時，諸葛亮聞知大喜過望，即刻促使劉備與謀士龐統先領萬人大軍入蜀，名日援助劉璋，實則待機而動。

益州是個四塞險固的地方。然而，高山險阻擋不住益州地區文明發展的進程。巴蜀文明的進程，至遲可以上溯到遠古傳說時期。

東漢末年，諸侯割據爭戰，天下四分五裂，益州被劉焉、劉璋父子所占據。

但劉焉、劉璋父子都闇弱無能，明眼人早就看出他們不是益州的真正主人。

最早提出取劉璋之位而代之的是諸葛亮，最終把這種設想實現的是諸葛亮所輔佐的劉備勢力。

占據益州，意味著取代益州的舊主人，而取代益州舊主人，不但要靠機會，還要靠智慧和實力。機會肯定會有。因為當時益州的形勢是：「劉璋闇弱，張魯在北，民殷國富而不知體恤，智能之士思得明君。」

占領荊州是進占益州的必要準備。只有先占有荊州，進占益州才有一個可靠的起點和根據地。所以，諸葛亮在占領和經營荊州方面花費了很大的精力。然而，若不及時占有益州，荊州便會失去其戰略意義。

荊州是個戰略爭地，曹操、孫權、劉備都要占領荊州。曹、孫兩家都有自己的戰略大本營，而對劉備來說，若不占領益州，荊州只是一塊孤棋。

正因為荊州是個戰略爭地，它不適於作劉備的政治中心，政治中心應放在益州。而且諸葛亮在「隆中對」所設想的是對中原實行兩路夾擊，若不占領益州，單憑荊州一路，進取中原成功的可能性微乎其微。

211 年，劉備率幾萬人馬入蜀，進駐葭萌，留諸葛亮、關羽鎮守荊州。

東吳的孫權自從吃了孔明的幾次大虧以後，時時不忘報仇雪恥。現在一聽說劉備領兵入川，只留下一部分兵在荊州，孫權就召集文官武將，打

算趁劉備不在的機會，奪取荊州。

這時，有一個名叫顧雍的人，向孫權提出建議：「劉備既然到西川，一時要想返回荊州，不但路遠，而且又都是山路，並不是件容易的事情。我們不如派一部分軍隊，去截斷劉備從西川回荊州的歸路，再出動大軍，去攻打荊州和襄陽。」

「這樣，不管孔明、關雲長有多大本領，我們一定可以打得他們落花流水，不但可以奪回荊州，還可以占領襄陽等地，這正是我們報仇雪恥、收回失地的最好時機！」

顧雍說完，在座的文官武將一致贊成，連孫權也認為此計大妙：「好，我們開始行動！」

孫權剛說完，忽然從屏風後面走出一個老太太，大聲地嚷起來：「這是誰出的混帳主意，把他拖出去殺了！這不是擺明了要殺害我女兒？」

原來這女人正是孫權的母親吳國太。吳國太繼續罵說：「我一輩子就只這麼一個女兒，在周瑜的詭計下，嫁給了劉皇叔；現在，你們又要出兵攻打劉皇叔，我女兒的命還保得住嗎？」

孫權一聽，馬上跪下來認錯，說道：「我絕不用這缺德的詭計。」

孫權說完，又把文武百官罵了出去，吳國太這才氣憤地回到自己房裡。

事後，孫權心裡非常懊惱，他的部下張昭知道孫權的心事，便去見孫權，貢獻一個新的計劃。

他在沒有說出計劃以前，先試探說：「主公的面色，近日來似乎不大好看！」

孫權沮喪地說道：「是啊！都是為了出兵荊、襄的問題。」

「這事容易！主公不妨派一個可靠的人，帶領 500 個軍士，偷偷地到荊州去，送一封密函給公主，只說國太病重，要見女兒一面，叫公主馬上回來，同時叫公主把劉備的獨生子阿斗也帶來，將來好叫劉備拿荊州來換回他的兒子。這樣，不但不用出兵，荊州可以收回，對於國太也有了交代。即使劉備不肯拿荊州交換阿斗，到那時再出兵，國太也不會反對。」

孫權一聽，覺得這計劃真是妥善極了，絕不會引起國太的反對，而且也有成功的把握，便決定派極富膽識的武將周善到荊州去。

於是，孫權連夜假造一封國書，交周善帶去，國書的大意是，國太病危，要公主火速回來。

第二天清早，周善就帶領著 500 個化裝為商人的軍士，從水路秘密到荊州去了。

周善到了荊州，見到孫夫人，就把國書交給孫夫人，一面流著淚說，國太的病已經沒有希望了，嘴裡不斷地叫著公主的名字，無論如何公主應該立刻動身回去，好跟國太見最後一面，而且要把阿斗也帶去，免得阿斗沒有人照料。

孫夫人一聽，當然急得要回去，不過，她認為劉皇叔不在家，總得通知軍師孔明一聲才可以走。

她要周善多等一天，等一切稍加安排以後再走。周善一聽，不免著慌起來，對孫夫人說：「孔明要知道了，一定不會放公主的，萬一來不及見國太，那可怎麼好呢？」

「可是，不通知軍師，江面上到處都是荊州水軍，怎麼走得了呢？」

「那沒關係，我帶了 500 軍士來，不必擔心。」

周善這樣一說，孫夫人也就答應了。她馬上換好衣服，抱著阿斗，乘車來到江邊。

正要開船的時候，忽然岸上有人大呼：「等一等！我們特地來給夫人送行！」

周善一看，認得那人正是趙雲，不免吃了一驚，急忙解纜開船。

原來，趙雲正在江邊巡邏，聽到這個消息大吃一驚，立刻前來阻止，不料，周善的船還是開了，趙雲只好跳上一艘漁船，拚命地追趕。

當趙雲的漁船趕上孫夫人的座船時，周善從船艙裡站了出來，下令放箭。

趙雲取來長槍，長槍撩處，支支亂箭都應聲落到水裡，這時，趙雲取下掛在腰際的青龍劍，縱身一跳，落到孫夫人的座船，東吳軍士個個都給嚇倒了，沒有人敢動一下，連周善也呆住了。

趙雲到了船艙裡，只見孫夫人懷裡抱著阿斗，他正想開口，孫夫人卻先怒氣衝衝地責問：「你來幹什麼？」

「夫人要走，應該先讓軍師知道。」趙雲向孫夫人問道。

孫夫人有些氣惱地說道：「我母親病得很危險，來不及通知軍師。」

趙雲指著孫夫人懷中的阿斗問道：「那麼，夫人為什麼要把小主人阿斗也帶走？」

「阿斗是我的兒子，我不帶去，誰來照料他？」

「夫人應該知道，皇叔這麼大年紀了，只有這一個孩子，再說，小主人還是我當年在長坂坡，從百萬敵軍的包圍中救出來的。夫人真要走，我不敢阻攔，可是，請把小主人留下！」

趙雲說著，一把將阿斗從夫人的懷裡搶了過來，大人急忙叫婢女奪回。

這時，周善在船尾把舵，自然分不開身和趙雲拚命。

趙雲左手抱著阿斗，右手提著青龍劍，站在船頭上。風順水急，船飛

也似的向東直駛。趙雲來時所乘的漁船，早已漂走，趙雲無法下船。

忽然，下游一條小水道內湧出十多艘船，船上旗幟飛揚，鼓聲雷動，趙雲心裡不免著急起來，他想一定是東吳派來接應的軍隊。

當那些船駛到眼前，只見船頭上站著一員大將，手裡提著一支長矛，大聲地嚷著：「嫂嫂留下侄兒來！」

趙雲一聽到這種粗獷的聲音，就知道對面的來船，並不是東吳水軍，而是猛將張飛。

原來，張飛在外面巡視時，也聽到了這個驚人的消息，馬上駕著快船，到下游來攔截。

張飛等到自己的船一靠近孫夫人的座船，一腳跳了過去，周善提著刀迎面而上，張飛眼明手快，一刀就把周善的腦袋砍了下來。

孫夫人一看張飛殺了周善，便指責張飛說：「叔叔。你為什麼隨便殺人？」

「嫂嫂沒有跟哥哥講好，隨便私自回去，難道還有道理嗎？」張飛說話時一點也不客氣。

孫夫人知道，碰上了粗野的張飛，再商量也沒有用，便以死來威嚇：「你們不放我回去，我就跳江！」

趙雲一聽，就和張飛商量，如果真的逼死了夫人，也對不起劉皇叔；就帶著阿斗上了張飛的船，放夫人一個人回東吳去了。

趙雲和張飛的船一路直返荊州。到了半路，和孔明來接應的大隊船隻在江中相遇，孔明知道已把阿斗奪了回來，也就放心了。

劉備率軍一到涪城，即今四川綿陽即受到劉璋的親自迎接。這時劉備面臨兩種選擇。

一是聽取劉璋手下張松、法正的建議，立即突襲劉璋，取而代之。

二是應劉璋之請，北上出擊張魯。

由於兩種選擇對劉備都不利，因此他兩者都未實行。他始終按諸葛亮的意圖行事，先按兵不動，以觀其變。

劉備把軍隊駐紮於葭萌關即今四川廣元一帶，邊觀察邊做一些籠絡人心的事情。

第二年，遠在蜀地的劉備聽說曹操又出兵進攻孫權，便欲東歸救吳。

劉備在葭萌關接到諸葛亮的來信，知道孫夫人已經回吳，曹操又出兵攻打孫權，感到荊州還會受到威脅。如果孫權得勝，要來攻打荊州，如果曹操得勝，也要來攻打荊州。便和副軍師龐統商量，決定向劉璋要求派兵3萬，糧食10萬斛的幫助，等到這些東西弄到手，再做打算。

劉備寫了信去，劉璋聽從楊懷、劉巴的話，答應給老弱軍士4000人、米一萬斛。

劉備非常生氣，決心和劉璋決裂。龐統乘機表示有3條計策，讓劉備選擇一條行事。

劉備問：「哪3條？」

龐統說：「連夜攻成都，這是上計；假說回荊州，楊懷、高沛必來送行，就此殺了他倆，先取涪城，然後再攻成都，這是中計；退還白帝城，連夜回荊州，這是下策。」

劉備選擇了中計。於是，寫信騙劉璋，說是曹操來攻荊州，需立即回去迎敵，因為時間緊急，來不及當面會晤，只好寫信辭行。

信到成都，張松聽到這個消息，以為劉備真的要走，馬上寫信給劉備，勸他放棄這個打算，火速攻打成都。

不料這封信被他哥哥張肅無意中看到，便向劉璋告發。劉璋抓來張松對他說：「我待你不錯，為何竟然反叛？」

一怒之下，便把張松殺了。一面下令各守關將領嚴防劉備，不許荊州一人一騎入川。

劉備提兵回到涪城，用龐統的計策，殺了楊懷、高沛，取了涪城。

劉璋聽到消息，立即令冷苞、張任、鄧賢等帶領 5 萬大軍來雒縣敵住劉備，雙方展開激戰，鄧賢、冷苞被殺。

失敗的消息傳到成都，劉璋又派吳懿、吳蘭、雷同率領 2 萬兵馬來雒縣助戰。

論實力，劉璋不是劉備的對手，不久，劉璋的大多數將領都投降了劉備。

然而，天有不測風雲，在攻打雒城即今四川廣漢北戰鬥中，劉備的主要謀士龐統不幸陣亡，這使劉備頓感實力不濟。

為此，劉備遣人回荊州送信給諸葛亮。

諸葛亮得到書信，知道好友龐統被殺之後，放聲大哭，對眾人說道：「我們主公又失去一條臂膀呀！」

諸葛亮清楚地知道，劉備已經陷入到了進退兩難的境地。經過近百日的消耗，劉備前期順利進軍所獲的物資已經所剩不多了。川中危急，唯一的辦法，就是改變重兵守荊州、輕軍入蜀的策略。從荊州調重兵援助劉備攻打益州。

派誰去援助劉備，誰留下鎮守荊州，這是諸葛亮必須要慎重處理的重要問題。

本來，諸葛亮應當與張飛、趙雲等留守荊州，而讓關羽率援軍入蜀。劉備有雄才，關羽驍勇過人，再加上法正足智多謀，可以取得益州。

但前方的形勢千變萬化，稍有不慎，劉備就有全軍覆沒的可能。法正雖有謀略，但心底過於狹窄，怕的是難當此任，想來想去，自己必須盡快入川。

張飛是員猛將，雄壯威猛，不亞於關羽，但敬愛君子而不體恤小人，經常打罵士兵，連劉備也擔心他早晚會出問題，把荊州交給他，諸葛亮顯然不放心。

趙雲倒是有勇有謀，辦事精細謹慎，但諸葛亮在與他的接觸中，從言談話語中感到他對兩路夾擊中原的鉗形攻勢似乎有看法。

趙雲認為荊州是曹、孫、劉三方攻戰的焦點，不如去開拓益州根據地。

諸葛亮主張讓人才去做自己理解的事，更利於發揮他們的積極性和主動性，這樣只有讓趙雲隨自己入蜀，比他鎮守荊州更有利。

留守荊州，最合適的人選只能是關羽。

關羽的武勇和忠義在曹軍中有很大影響。他的勇武，使曹、吳不敢輕視荊州，他的忠義，保證了他不會背叛劉備。

早在建安五年，劉備被曹操打敗，關羽被曹操生擒。曹操任命他為偏將軍，禮之甚厚。那時候，曹操正與袁紹對峙於官渡。袁紹派遣大將顏良進攻白馬即今河南浚縣東南，曹操派張遼和關羽為先鋒進擊顏良。

關羽望見顏良麾蓋，「策馬刺良於萬眾之中，斬其首還，袁紹諸將莫能當者。遂解白馬圍」。

曹軍將士目睹了關羽的武勇與威風。

後來，關羽知道了劉備在袁紹軍中，準備離開曹操返回劉備身邊。

曹操察覺後，對他重加賞賜，企圖留住他。而關羽把所有賜品盡數封存留下，又寫了一封告辭的書信，然後去投奔在袁紹軍中的劉備。

曹操的左右還想追擊，曹操說：「彼各為其主，勿追也。」關羽的重於情義，給曹操留下了深刻的印象。

由於與曹操打交道多，關羽與曹軍中許多大將的關係很好。例如當曹操察覺到關羽要離開他時，便派張遼前去試探。

張遼見到關羽，問及去留之事，關羽說：「吾極知曹公待我厚，然吾受劉將軍厚恩，誓以共死，不可背之。吾終不留，吾要當立效以報曹公乃去。」

張遼探明了關羽的真情後，感到很為難。向曹操報告吧！恐怕他殺了關羽，不報告實情，又有背於事君之道。

張遼猶豫再三，最後嘆道：「公，君父也；羽，兄弟耳。」還是說了實情。

諸葛亮經營荊州在人事安排時，就讓關羽任襄陽太守，駐紮在江北，有意讓他做從荊州一路夾攻中原的上將軍。再加上劉備讓關平來送書信，看劉備的意思也是讓關羽鎮守荊州。

建安十八年，諸葛亮留關羽守荊州，帶領張飛、趙雲等占領巴東等郡縣。

建安十九年夏，劉備擁重兵直逼成都城下，圍城數十日後，劉璋迫於形勢只得開城投降了。

劉備占據益州後，自稱益州牧，諸葛亮被拜為軍師將軍，兼益州太守，至此，諸葛亮在「隆中對」中提出的「跨有荊、益」的目標終於實現了，三國鼎立中的蜀漢國的雛形直到此時才真正顯現出來。

215 年，曹操西進消滅了西北部的馬超、韓遂主力，隨即便乘勝進軍陝南漢中，迫使割據漢中的張魯投降了。

這樣一來，剛站穩腳跟的劉備又感到了曹操的威脅。雖然占據漢中後，曹操由於對整個戰局的考慮，沒有再進一步南下入蜀，只派大將夏侯淵等把守漢中這塊重要的前沿陣地，但劉備卻深知唇亡齒寒之理，不奪回漢中，益州將難以安定。

為此，建安二十二年底，他聽取了法正的意見，趁曹操已回中原之機，他親統大軍進兵漢中，讓諸葛亮留守益州，及時給前線補充糧餉兵員。

當年漢中王劉邦出兵關中時，蕭何即留守漢中，掌握著整個後方及軍需供應，從而保證了劉邦軍事上的勝利。幾百年後，劉備也學漢高祖那樣，將自己最信得過的人留在後方作後盾，以保證軍事上的成功。

事實證明，諸葛亮在鎮守後方、調撥物資兵力、及時支援前線的能力的確不亞於當年的蕭何。

當劉備與夏侯淵激戰於漢中並相持不下時，是諸葛亮及時從益州補充了大批兵員，終於使劉備大敗曹軍，殺其猛將夏侯淵，占領了漢中。

建安二十五年，曹操病逝，其子曹丕即位魏王，並於該年十月代漢稱帝，改國號為「魏」，改元「黃初」。

曹丕廢漢獻帝而自立為皇帝，此舉使身處益州的劉備和廣大官兵萬分震怒，他們認為只有劉備具有漢家宗室血統，有資格繼承王位，如今曹丕竟自立為帝，那劉備更應稱帝才是。

由此，諸葛亮等文武百官共同上疏，請求劉備稱帝。

最後，劉備以「天命不可以不答，祖業不可以久替，四海不可以無主」為由，也於 221 年在成都稱帝，即皇帝位，國號仍為「漢」，史稱「蜀漢」，改元「章武」，立長子劉禪為太子，拜諸葛亮為丞相，總理國務大事。

從此，三國鼎立之中已有魏、蜀兩家稱帝。諸葛亮作為蜀漢國的開國丞相，挑起了定國安邦的歷史重任。

八陣圖智退陸遜

孫權想用阿斗換回荊州的計劃失敗後，終日耿耿於懷。

這時，大臣張昭又想出了一個收回荊州的計劃，他認為諸葛瑾是諸葛孔明的親哥哥。

把諸葛瑾全家老小統統扣押起來，然後叫諸葛瑾一個人到西川，向孔明索取荊州，就還怕他們不還荊州。

孫權一聽，認為這計策的確很好。於是，孫權就把諸葛瑾的家眷拘禁起來，一面寫了一封信，叫諸葛瑾帶到西川。

諸葛瑾到了西川的成都，劉備聽說諸葛瑾來了，就問孔明：「令兄到成都來，不知為了什麼事情？」

孔明笑著說道：「還不是來討荊州的。」

孔明立即到城外去迎接諸葛瑾，孔明見了哥哥後，並不把哥哥帶到家裡，卻先帶他去見劉備。一路上，兄弟二人還談不到幾句，諸葛瑾就放聲大哭起來。

諸葛亮趕忙問道：「兄長有什麼事情可以明明白白地說出來，不要哭！」

諸葛瑾哭著說道：「我的全家人都被吳侯給扣了下來。」

諸葛亮含著眼淚說道：「就因為我們不還荊州給東吳，就扣押了你全家老小嗎？你放心，我有辦法把荊州還給東吳。」

諸葛瑾聽了孔明的這番話，止住了哭聲。諸葛亮帶著他見了劉備。諸葛瑾把孫權交給他帶來的信，當面交給劉備。

劉備看完信，立刻大怒道：「孫權把他的妹妹嫁給了我，卻又趁我不

在的時候，把他的妹妹騙了回去！我為了這件事，正要帶川兵殺到東吳！他倒先來向我要荊州！」

孔明看劉備大發脾氣，於是向劉備哀求道：「孫權把我哥哥全家老小都扣押起來，倘使我們不還荊州，我哥哥全家老小性命就難保了！我哥哥一死，我怎麼活得下去？所以，請你看在我的面上，把荊州還給東吳吧！」

可是，劉備無論如何不肯答應，經孔明再三地哀求，最後才讓步說：「看在軍師的面上，我把長沙、零陵、桂陽三郡交還給東吳。」

孔明這才高興地說道：「如此，就請寫信通知關雲長，好讓他把這三郡交還給東吳。」

諸葛瑾帶了一封劉備寫給關雲長的信，高高興興地回去了。可是，並不直接回東吳，卻到荊州向關雲長要三郡去了。

關雲長看了劉備給他的信，當著諸葛瑾的面大發脾氣，說道：「現在的天下是漢家的天下，漢家姓劉，皇叔也姓劉，姓劉的人難道不應該管理劉家的地方嗎？儘管皇叔客氣，要我把荊州的一半還給東吳，我姓關的卻不答應！」

諸葛瑾一聽，便向關雲長苦苦哀求。

關雲長只是不允，抽出腰際的寶劍在諸葛瑾眼前晃著。

諸葛瑾一看情形不對，急忙走了出來，上船又回到西川。

諸葛瑾到了成都，就去找孔明，但是，孔明出巡去了。諸葛瑾只好直接去找劉備，對劉備訴說關雲長如何的不講理，劉備聽了，安慰說：「關雲長的脾氣，連我也怕他三分。」

劉備只好讓諸葛瑾不要著急，等他收服了東川，把關雲長調到東川去，再把三郡交還給東吳就是。

諸葛瑾聽了，只好返回東吳，把事情的經過，詳詳細細報告了一遍。孫權和魯肅聽了，知道又上了孔明的圈套，只是叫諸葛瑾轉了一個圈子。

孫權當然大不高興，派了三批人馬到荊州去接收長沙三郡。可是，沒有幾天，三批人馬全給關雲長趕了回來。孫權大怒，決定要向荊州進兵，和關雲長決一死戰！

魯肅一聽，覺得這時出兵荊州沒有把握，倒不如先想一個巧妙的方法制伏關雲長。

於是，向孫權建議派出一批兵馬在陸口等候著，請關雲長親自到陸口來會商。

如果，關雲長肯交還三郡，就放他回去。如果他還是不肯，我們就動手殺了他，再用武力奪回三郡。

孫權認為魯肅的建議非常可靠，就派了呂蒙、甘寧兩個將軍帶了兵馬，在陸口事先佈置好陣勢。

魯肅也在陸口，辦好酒席，訂好日子，發了請帖，請關雲長來喝酒。

關雲長接到魯肅的請帖，就對送請帖的人說：「明天上午我一定到，你回去報告魯肅好了。」

旁邊的兒子關平急忙說道：「魯肅請您去喝酒，絕不懷好意，您為什麼輕率地答應呢？」

關雲長笑著說：「我也知道，這一定是孫權和魯肅商量出來的辦法，我如果不去，他們一定笑我膽小，所以，我決定去！」

一旁的大將馬良也上前勸阻，但關雲長依然是執意去「單刀赴會」。

第二天上午，魯肅在江邊等候關雲長，不一會兒，果然江面上出現一條船，船上掛著一面寫著「關」字的紅旗，迎風招展。

船慢慢駛向岸邊，只見關雲長穿著一身便服，背後站著一個手執大刀

的周倉和七八個掛著腰刀的關西大漢。

魯肅看到只帶了這幾個人，心裡不禁非常驚奇，未曾想，關雲長竟是這樣勇猛。

關雲長登岸後，魯肅接他進亭子裡休息，寒暄一陣之後，便擺出酒席，喝起酒來，雖然魯肅不斷地舉杯敬酒，可是，始終不敢正眼看著關雲長。

酒過三巡，魯肅提到了荊州的問題。關雲長只是向魯肅敬酒，說道：「今天，我們只管喝酒，不談其他的事情。」

但過了一會兒，魯肅又說起了荊州的事情，關雲長笑著說道：「這事只有劉皇叔自己才能解決，對我說也沒有什麼用。」

這時，站在階下的周倉拿著大刀，早已聽得不耐煩起來，便大聲吼了起來：「誰說荊州是東吳的？漢家的土地交給劉皇叔管理。」

關雲長一聽，馬上變了臉色，站了起來，走到階下，奪過周倉手裡的大刀，站在庭院中，氣憤地罵起周倉來：「國家大事，用不著你多嘴，還不趕快給我走開！」

周倉聽了，領會到關雲長話中的含義，馬上跑到江邊，把紅旗高舉在空中，搖了幾下，關平率領在江心待命的 10 艘船，一看見紅旗晃動，馬上開到江東來。

關雲長看魯肅的說話態度，知道已經到了十分嚴重的地步，他罵了周倉一頓以後，馬上右手提著大刀，左手握住魯肅的手，假裝喝醉了酒，對魯肅說：「今天是你請我來喝酒的，請你不要再提荊州的事，否則我可會做出對不起老兄的事。過一兩天，我還要請老兄到荊州喝酒呢！」

魯肅被關雲長緊緊地拉著，脫不得身，嚇得臉色都變了，就被關雲長給拉到了江邊。

而埋伏一旁的甘寧和呂蒙正要動手殺關雲長，卻見關雲長一手提刀一

手拉著魯肅，他們恐怕魯肅吃虧，當時就沒敢動手！

關雲長到了江邊，上船的時候，才放了魯肅的手。一放手，關雲長就跳上了船，站在船頭上和魯肅作別。

這時魯肅早已嚇得魂飛魄散，呆呆地看著關雲長的船逐漸遠去了。

魯肅回到東吳，把當時這番情形報告了孫權，孫權一聽，認為關雲長太狡猾，太不講道理，就決定出兵和關雲長拼一個高低。

但是，正當這時有人來報告，曹操又帶了40萬人馬，打到東吳來了。

孫權也只好暫時取消出兵荊州的計劃，把全部力量用來抵抗曹操去了。

益州乃中國西南部地區，地域雖廣，但山高谷深，交通不便，從春秋戰國至秦漢以來，這個地區在經濟上較之中原地區來說，一直要落後一些，尤其在它的南部，居住著大量的少數民族，跟中原的聯繫很少，其經濟也就更不發達了。

因此，治理益州，發展經濟，成為諸葛亮鞏固劉備取得的新政權的首要任務。

在這方面，諸葛亮充分發揮了他的治國安邦之才。作為劉備的軍師，劉備的所有治國之策實際上皆出自諸葛亮之手，劉備對諸葛亮非常尊重，可說是言聽計從，從不亂予否定。

故此，諸葛亮對劉備也就忠心輔佐，至死報答劉備的信任和知遇之恩。

奪取益州後，諸葛亮勵行法治，幫助劉備整頓長期以來益州地區混亂、鬆弛的社會秩序。

諸葛亮執法嚴明，賞罰分明，「無惡不懲，無善不顯」，在他的治理下，益州社會秩序明顯好轉。

史書上記載說，經諸葛亮的治理經營，益州之地變成了一塊「吏不容奸，人懷自屬，道不拾遺，強不凌弱」的好地方，整個社會「風化肅然」。

對此，諸葛亮曾遭到一些人的反對，如曾幫劉備奪取了益州的劉璋舊部法正即對法治不滿，他對諸葛亮說：「從漢高祖入關，也不過約法三章而已，劉公剛占有益州，對百姓沒有什麼恩德；再說，你們都是外來人，按主客關係來講，也應把政令放得寬一些，使大家安心。」

法正提到劉邦當年推翻暴秦後把秦王朝的一切政令全廢了，只宣佈了三條法令：殺人者死，傷人者刑，盜竊者抵罪。劉邦的「約法三章」在秦王朝多年暴政後的確是對老百姓的一種解放，那麼，這種歷史的經驗是否只能不變地搬用呢？

對此，諸葛亮分析得十分透徹，對法正曉之以理。他說當年秦王朝無道，用嚴酷法令壓迫廣大人民，老百姓怨聲載道，那麼劉邦的約法三章當然正得其時。

然而現在情況恰好相反，劉璋治益，一直法令鬆弛，致使很多豪強放縱不法，因此嚴肅法紀，整頓秩序，這才是現在治國所需要的。

彼時的放鬆和此時的從嚴，皆實際需要使然。諸葛亮借古而不食古，治國有法，安邦有道，以此可見一斑。

正當關羽在襄樊前線節節取勝之時，作為盟友的孫吳卻暗暗拔出了捅向關羽後背的利刃。

孫吳占有荊州全部的慾望由來已久，並不以與劉備最後一次劃分荊州取得荊州三郡為滿足。看著劉備跨有荊、益二州，力量不斷發展壯大，孫權對當初讓劉備進駐南郡懊悔不已。

如果不讓他進駐南郡，劉備始終被堵在長江以南，沒有長江通道，劉備便無由西進益州，關羽也無法北進襄樊。

如今，不但北有強大的曹操，西部又崛起一個勢力越來越大的劉備。想到這裡，孫權不禁心中埋怨起死去的魯肅來，讓劉備進駐南郡，正是魯肅的主張，這畢竟是他的一個短處。

這時，接替魯肅鎮守陸口的是大將呂蒙。原來魯肅的一萬多人馬轉歸呂蒙所領，此外，魯肅的奉邑下雋、劉陽、漢昌、州陵 4 縣也歸呂蒙享有。

呂蒙這個人不同於魯肅，很早就對劉備懷有戒心，特別是劉備進駐南郡後，他一直在思索怎樣對付劉備。

魯肅代周瑜屯住陸口，曾路過呂蒙的駐地。當時呂蒙是個武將，魯肅意尚輕之，不打算去拜訪他。

有人勸魯肅說：「呂將軍功名日顯，不可以用過去的眼光看待他，君宜顧之。」

於是，魯肅便前往拜訪。席間，呂蒙問魯肅：「您現在身負重任，與關羽為鄰，有什麼策略以防不測呢？」

魯肅沒有準備，應付說：「到時根據情況，再採取適當的辦法吧！」

呂蒙說：「那怎麼行。如今我們和劉備雖然結成同盟，但關羽實為熊虎之人，怎能不事先想好對付的辦法呢？」

從這件事可以看出，呂蒙一直對劉備心懷警戒。

呂蒙代魯肅以後，便開始改變魯肅的方針。魯肅認為曹操尚存，禍難始構，應與劉備互相輔助，同心協力對付強敵，不能與之失去和氣。

呂蒙認為，關羽勇猛無敵，只能先麻痹他，趁其不備而襲取之。所以，呂蒙上任後，表面上似乎比魯肅對關羽還要熱情友好，與關羽的關係非常融洽。

儘管如此，關羽在北征襄樊之時，也沒有忘記必要的防禦部署。當

時，關羽只帶了一部分兵馬北上，留在南郡、公安等地的兵力不在少數。

呂蒙見此情況，便秘密上奏孫權說：「關羽進攻樊城而留下許多兵將在後方防守，是害怕我乘虛攻取他的後方。我現在身體不好，請允許我以治療修養為名，帶一部分兵力回建業。關羽聽說後，就會對後方特別放心了，必會抽調後方防禦兵力加強襄樊前線。到那時我們再派大軍乘船溯江西上，對關羽空虛的後方發動襲擊，一定會奪取南郡，擒獲關羽。」

孫權準奏之後，呂蒙秘密出兵 3 萬，先調撥快船 80 多條，選擇會水的士兵扮成商人，穿了白衣裳，把精銳士兵埋伏在戰船裡，沿著潯陽江直奔北岸。

經過關羽部署建造的烽火台時，士兵盤問，呂蒙的部下假裝說：「我們是做生意的。」同時將金錢什物送給守兵，於是所有船隻便得以停靠岸邊。

晚上，80 多船精兵一齊殺出，把守烽火台的士兵統統捉住，捆在船裡。到了荊州，才放出來，要他們去叫開城門。荊州守軍，見是自己人，真的開了城門，呂蒙的兵馬一擁而入，攻占了荊州。

過了幾天，孫權來到荊州，派虞翻去勸說糜芳、傅士仁投降。糜芳、傅士仁就投降了孫權。

關羽因與曹操作戰，臂上中箭，箭傷未癒，又和徐晃戰了 80 多個回合，雖武藝絕倫，終是右臂少力。關平恐父親有失，火急鳴金，關羽撥馬回寨。

朝襄陽奔走，路上得到荊州、南郡、公安各地都已失守的消息，氣急之下，昏倒在地。眾部下急忙救醒，派人連夜到成都求援，一面改向荊州進發。

一路之上受到曹操兵士的不斷擊殺，只好敗走麥城。

關羽被困在麥城，手下只有五六百人，多半病倒，城中又缺乏糧草，很是困難。一天，有人叫開城門求見，原來是東吳的諸葛瑾，來勸關羽投降，被關羽回絕。

諸葛瑾如實回報孫權，孫權即命呂蒙定計活捉關羽。

最後，關羽在和關平向西川突圍的時候，被伏兵抓獲，因不向孫權投降，同關平一起於建安二十四年冬十二月遇害，當時關羽 58 歲。

聽到關羽被殺的消息後，劉備大叫一聲，昏厥於地。眾文武相救，半晌才醒轉過來。

諸葛亮上前勸慰，劉備說：「我與關、張二弟桃園結義，誓同生死，如今雲長已去，我豈能一個人獨享富貴。」言罷，又是一陣傷心痛哭。

張飛聽說關羽被東吳殺害了，日夜痛哭，部下用酒食勸慰，酒醉了氣頭更大，部下有犯錯誤的就鞭打，有的甚至被打死。每天向著東方咬牙切齒，睜大眼睛放聲大哭。

一天，他聽到成都有人主張先攻魏，後攻吳的消息，便氣沖沖地跑回成都，抱著劉備大哭說：「哥哥做了皇帝，竟忘了過去桃園結義的誓言。二哥的仇，為何不報？」

劉備說：「很多官員勸阻，還沒最後決定。」

張飛說「如果哥哥不去，我願意豁出這條命，替二哥報仇！」

劉備要替關羽報仇的打算，經諸葛亮等人幾次勸說，已經有點動搖，被張飛這麼一說，又下了決心立即讓張飛回閬中出兵，在江州同他親自率領的大隊人馬會師，東下攻吳。

諸葛亮等大臣極力勸阻，劉備皆不聽勸。

張飛回到閬中，要部下 3 天內做好白旗白甲。第二天，部下范彊、張達回報：「白旗白甲，一時來不及，需放寬期限。」

張飛非常生氣，將兩人鞭打了一頓。這天晚上，這兩人趁著張飛酒醉，手持短刃，密入張飛帳中，割了張飛首級，逃奔到了東吳。

當時，劉備已擇期出師。大小官僚，皆隨孔明送 10 里方回。孔明至成都，怏怏不樂，對眾官說道：「法孝直若在，必能制主公東行也。」

劉備在行軍途中，接到張飛遇害的消息，更加悲痛，報仇之心也更迫切。

這時，張飛的兒子張苞，關羽的兒子關興，一齊來見劉備，都說：「願隨伯父出征，替父親報仇。」

劉備駐紮白帝城即今重慶奉節，孫權派諸葛瑾來和解，被劉備嚴詞拒絕。孫權見劉備來勢洶洶就投降了曹丕，但並未得到曹丕的救援。

當劉備領兵進抵相亭，即今湖北宜都後，竟在沿江谷地 700 里的範圍內相繼安營紮寨，這種長龍式的安營法明顯犯了兵家之大忌，是很容易被敵方截斷而圍殺的。

結果，東吳大將陸遜果然啾準其弱點，採用火攻，火燒蜀軍聯營。劉備大敗，幾乎全軍覆沒，連夜逃到白帝城。

陸遜大獲全勝，領得勝之兵又往西追。前面離夔關不遠，陸遜在馬上望見臨江的山邊有一陣殺氣衝天而起，料定有埋伏，下令倒退 10 多里，又差人去哨探，回報並沒有軍隊屯紮在那裡。

陸遜不信，登高一望，殺氣又起，便令人再去打探。回報說前面確實並無一人一馬。

陸遜看到太陽快要落山，殺氣更勝了，心中猶豫，讓心腹之人再去探看。回報說：江邊只有亂石八九十堆，並無人馬。陸遜大惑不解，命令找當地土著人來問。不久，找來幾個人。

陸遜問：「是什麼人把那些亂石堆在這裡的？為什麼亂石堆中會有殺氣衝起？」

土人說：「這個地方叫做魚腹浦。諸葛亮入川的時候派兵在這裡，用石頭排成陣。從那以後，這裡便常有氣如雲從中生起。」

陸遜聽罷，便帶十幾個人來看石陣，立馬在山坡之上，只見四面八方，全都有門有戶。陸遜笑道：「這不過是迷惑人的魔術罷了，有什麼用呢？」於是便帶著幾個人縱馬下山，一直進到石陣裡來觀看。

陸遜手下的部將道：「天快黑了，請都督早些回去吧！」

陸遜剛要出陣，忽然狂風大作，一霎間，飛沙走石，遮天蓋地，只見怪石嵯峨，橫沙立土，江聲浪湧。

陸遜大驚道：「中了諸葛亮之計！」急忙想要返回時，卻無路可走。

正驚疑之間，忽見一位長者出現在馬前，笑著說道：「將軍想要出這個陣嗎？」

陸遜道：「請長者帶我們出去。」

老人拄著枴杖慢慢往前走去，徑直走出了石陣，並沒有遇上阻礙，送到山坡上，陸遜問：「長者是誰？」

老人答道：「老夫乃是諸葛亮的岳父黃承彥。當初小婿入川的時候，在這裡布下了石陣，叫做『八陣圖』。他臨走時囑咐我說：『今後要是有東吳大將迷困於陣中，不要帶他出來。』老夫平生好善，不忍看將軍陷在這裡，因此特地從生門引你出來。」

陸遜問：「公曾學過這個陣法嗎？」

黃承彥道：「變化無窮，無法學也。」

失敗的痛苦和不悅，使劉備不久即病倒了，而且病情一天天加重。

劉備知道自己的病難以治好，便派人日夜兼程趕到成都，請諸葛亮來囑託後事。

諸葛亮留太子劉禪守駐成都，帶劉備的另外兩個兒子劉永、劉理來到白帝城，進了永安宮，看到劉備病得不成樣子，慌忙拜倒在劉備榻前。

劉備叫諸葛亮坐在旁邊，用手摸著他的肩背說：「自從得了丞相，我發展了自己的事業，只是由於知識淺薄，沒聽丞相的話，遭到今天的失敗，實在後悔萬分。看來我這病是難好了，我兒子能力太弱，不得不將大事托你。」劉備說完，淚流滿面。

諸葛亮也哭著說：「望陛下保重身體。」

劉備對劉永說：「我死了後，你們幾兄弟要以父親般侍奉丞相，你們與丞相只是共事而已。」

劉備召集眾將官到齊，拿筆寫了遺囑，交給諸葛亮，感嘆地說：「我本想和你們一同消滅曹丕，不幸中途分手。麻煩丞相把我的遺囑交給太子劉禪，以後一切事情，都望丞相指點。」

諸葛亮拜倒在地上說：「望陛下好好安息，臣等一定全力效勞，輔助太子。」

劉備叫左右的人扶起諸葛亮，一手掩蓋眼淚，一手握住諸葛亮的手說：「我現在快要死了，有心腹的話要說。」

諸葛亮問：「有什麼事吩咐？」

劉備說：「閣下才幹高於曹丕十倍，一定能辦成大事，如果劉禪可以幫助就幫助，實在不行，你可取而代之。」

諸葛亮聽到這話，立即哭拜在地說：「臣一定盡力輔助太子，一直到死了為止。」

同年四月，劉備病逝於白帝城的永安宮，17歲的劉禪即位，改元「建興」，並封諸葛亮為武鄉侯，以丞相兼益州牧。

七擒七縱定南中

劉備病逝，劉禪年紀尚小，蜀漢國軍政大事一下全落到了諸葛亮的身上。

此時，諸葛亮已有 43 歲，他從南陽一布衣成為蜀漢國的丞相和實際統治者，深感身上擔子的沉重，日日勤政，不敢有絲毫懈怠。

這次兵敗，對蜀漢國來說是一個沉重的打擊。鑒於此，諸葛亮決定閉關息民，調整經濟，發展生產。經過一段時間的調整治理，蜀漢國勢又開始發展強大起來。

225 年，諸葛亮經過兩年的勵精圖治，感到國勢已得到了恢復。

益州探馬飛報說：「蠻王孟獲大起蠻兵兩萬，侵犯蜀國邊境進行掠奪。」

為了進一步鞏固蜀漢政權，並為進取中原作好充分準備，諸葛亮決定在北伐中原前，先征服南中。

諸葛亮入朝上奏後主：「臣觀南蠻不服，實在是國家之大患。臣要親自率領大軍前去征討。」

225 年農曆五月，諸葛亮率軍渡瀘水南征討寇，七月至南中。

今雲南、貴州、四川西南地區，古稱南中，被認為是「夷、越之地」。

夷、越是古人對西南少數民族的稱呼。細分起來，雲、貴及川南的少數民族為「南夷」，四川西部的稱「西夷」。就族屬而言，「西南夷」主要包括兩大系統：一是「夷」，即氐羌系，屬藏緬語族；一是「越」，即百越系包括濮或僚，屬壯侗語族。

南中地區夜郎、滇、邛都等地方的少數民族，以農耕為主，處於越

嶲、昆明等地的少數民族以畜牧業為主。

由於地處偏遠，道路險惡，先秦時期南中地區少數民族很少同漢族交往，因此中原先進的漢族文化對他們幾乎沒有什麼影響。

早在建安十二年，諸葛亮就提出了「南撫夷越」的理論。

那時候，劉備既無荊州，也沒益州，諸葛亮既不是軍師將軍，也不是丞相。除了那座草廬之外，一切都還是虛無縹緲。

然而，諸葛亮在那座草廬中所訂的全盤戰略規劃中，卻放進了「南撫夷越」這顆重要的棋子。

諸葛亮的理論當然來自歷史經驗。他瞭解歷史，瞭解南中的治亂興衰，瞭解巴蜀與南中的密切關係。既然要「跨有荊、益」，怎麼能忽視南中呢？

17 年過去了，當年計劃中的合理部分早已變成了現實，諸葛亮已經成為劉備遺詔輔政的顧命大臣，他所當政的蜀漢政權，不僅統治著漢中、巴蜀，而且也管轄著南中。

平定南中之所以重要，是因為「隆中對」的戰略規劃與現實發展有所出入。蜀漢政權只是實現了據有益州，並未保持住跨有荊、益。

如果說，南中對跨有荊、益來說具有穩定後院的意義，那麼南中對獨據益州的蜀漢政權，不但有穩定後院的意義，還有增強蜀國國力，確保它與魏、吳三足鼎立的意義。

平定南中之所以迫切，是因為自從蜀漢建立以來，南中就沒有過真正的穩定，而且形勢越來越緊迫，越來越複雜。

劉備、諸葛亮在占領益州後，為穩定南中作了很大的努力。他們對派往南中官員的選擇是非常謹慎的，生怕由於用人不當，激化了南中與蜀漢的矛盾。

建安二十三年，越巂郡夷帥高定在郡內發動叛亂，派軍圍攻新道縣即今四川屏山西。多虧犍為太守李嚴率兵急救，將高定叛軍打退。高定受此打擊，氣焰略有收斂。諸葛亮為了不使事態擴大，也沒有對越巂大舉征討。

建安二十四年，正當劉備率軍在漢中與曹軍鏖戰正急時，孫吳左將軍、領交趾太守士燮引誘益州郡大姓雍闓等，煽動郡人叛離蜀漢，一時郡內洶洶。

此外，越巂、牂柯也出現了動盪不安的跡象。諸葛亮此時本應該鎮守成都，為劉備漢中前線輸糧補給，但為了兼顧南北，卻不得已曾一度屯駐於地處越巂、益州、牂柯之間的江陽即今四川瀘州。

不久，益州郡大姓雍闓的活動越來越猖獗了，他不但殺害了郡守正昂，還不斷派人與孫吳聯絡。為了阻止雍闓與孫吳接近，諸葛亮又派成都人張裔任益州郡守。

雍闓見張裔到任，又用迷信手法煽動少數民族說：「新來的張太守，就像個用葫蘆做的壺，外表雖光滑而內裡粗糙。鬼神命令你們不要殺他，把他綁起來送到吳國去。」

對於南中發生的這些事情，蜀漢政權早就應該給予徹底解決，但劉備、諸葛亮實在是沒有精力顧及。

因為比這裡更嚴重的事還要等他們處理，蜀漢正處在與東吳爭奪荊州的緊急關頭，這是要處理的頭等大事。至於南中問題，當時要緊的是暫時把局面維持住。

而此時，孟獲率領大軍侵入，則不得不進行平叛了。

為平息叛亂，鞏固後方，同時也為了發展和提高西南部少數民族地區的政治、經濟與文化，打通漢族與西南少數民族長期以來相互隔絕的狀況，諸葛亮調遣了三路大軍南征：東路軍由門下都督馬忠掛帥，從川南僰

道，即今四川宜賓直取牌煙，即今貴州貴定東北；中路軍由南中地區的軍事長官廉降都督李恢掛帥，直取叛亂首領雍闓、孟獲的老巢；西路軍由諸葛亮親自掛帥，進攻叛亂頭目高定，直取越雋，即今四川西昌東南。

最後，三路大軍在滇池，即今雲南晉寧東會師。諸葛亮的南征最後以全線勝利宣告結束。

由於三路大軍同時出擊，使當時南中叛軍首尾不能相顧，故而被各個擊破。

諸葛亮瞭解到孟獲不僅作戰英勇，在當地少數民族中也很得人心，就是在漢族中也有一定威望，他決定攻心為上，收服孟獲。

為此，他對當時在南中很有威望的叛軍頭領孟獲採取懷柔策略。孟獲其人勇氣有餘，智謀不足，諸葛亮要擒他真是易如反掌。

孟獲是南中的酋長，英勇善戰，為人俠義，在南人中很有威望。他得知蜀兵南下，就前來迎戰，遠見蜀兵，隊伍交錯，旗幟雜亂，心想：「人們都說諸葛丞相用兵如神，未免言過其實。」

孟獲雖然英勇，但不善用兵。第一次交戰，孟獲衝出陣地，蜀軍王平迎戰。

剛一交鋒，王平回頭就跑。孟獲放膽追殺，當追趕了 20 多里的時候。忽聞喊聲四起，左有張崇，右有張翼，截斷了退路，南兵大敗。

孟獲拼命衝出重圍，前面又有一隊軍馬攔住，原來是大將趙雲。

孟獲曾得知趙雲厲害，慌忙帶領幾十個騎兵逃進山谷。前邊路狹山陡，後邊追兵漸近，孟獲只得丟下馬匹爬山。

忽然又是一陣鼓聲，原來魏延帶領 500 人在這裡埋伏。結果不費吹灰之力就活捉了孟獲。

諸葛亮在帳中，把無數俘虜都一一解綁，還給酒飯款待，並說：「你

們都是好老百姓。你們的父母、兄弟、妻子、兒子，定倚門盼望大家回去，聽說你們當了俘虜，他們會牽腸掛肚，痛不欲生。我現在把你們都釋放回家，以安你們父母、兄弟、妻兒的心。」

說罷，發給糧食、酒肉，放出營帳。南人都很感動，甚至涕淚交流！

一瞬間，魏延把孟獲綁來，跪在地下，諸葛亮問：「現在你被我活捉了，你心服嗎？」

孟獲說：「我是因為山路狹陡才被捉住的，怎麼能服呢？」

諸葛亮說：「你要是不服，我就放你回去。」

孟獲答得倒也乾脆：「你要是放了我，我重整兵馬，和你決一雌雄。那時再當了俘虜，我就服了。」

於是，諸葛亮讓人給孟獲解開綁繩，用酒肉招待，然後放出營帳。

孟獲回寨之後，重整軍馬，準備再戰。他手下的兩個洞主被蜀兵俘虜後放回，這次孟獲派他倆迎戰，又打了敗仗。

孟獲說他倆是故意用敗陣來報答諸葛亮，就痛打了 100 大棍。這兩個洞主就帶領 100 多個放回來的南兵，衝進孟獲的營帳，把喝醉了的孟獲牢牢綁住，獻給諸葛亮。

諸葛亮笑著對他說：「你曾經說，再當俘虜就服了。現在還說什麼？」

孟獲振振有詞地辯道：「這不是你的本事，而是我手下人叛變，怎麼能讓我心服呢？」

諸葛亮胸有成竹地說：「好吧！我再放你一次吧！」

孟獲說：「我頗懂得兵法。如果丞相真的放我，我一定和你決一勝負。要是再當了俘虜，我就誠懇地投降。」

諸葛亮命人給孟獲鬆了綁讓他坐在帳中吃喝，然後帶他出寨觀看如山的糧草和明亮的刀槍。

孟獲卻邊走邊注意各個營寨的位置和情況，參觀之後，照例以好酒好肉招待，到晚上，諸葛亮親自把他送到瀘水之濱，即今雅礱江下游，以及金沙江匯合雅碧江以後的一段，目送他過江而去。

孟獲回到本寨，先誘殺了董荼那、阿會喃，又派重兵守住要塞。然後同弟弟孟優商量說：「諸葛亮營中的虛實，我已知道。你可帶些禮物，假做勞軍，作為內應，我今夜就去劫他的營寨。」

幾天之後，孟獲的弟弟孟優帶著 100 多名南兵，搬著許多金珠寶貝、象牙、犀角，渡過瀘水，投奔諸葛亮的大營。

孟優見了諸葛亮，再三拜謝，說：「我哥哥感謝丞相不殺之恩，讓我先送上這些金珠寶貝，作為勞軍之用。哥哥到銀坑山收拾寶貝，明天就送來，獻給天子。」

諸葛亮心中有數，命令殺豬宰羊，設宴備酒，還有樂隊、歌舞、雜劇表演款待孟優。孟優和南兵不曉得酒裡下了藥，喝下去都昏倒了。

當晚，孟獲把南兵分為三隊，前來劫寨。他以為諸葛亮沒有防備，又有孟優等做內應，肯定可以活捉諸葛亮。結果反而陷入諸葛亮的圈套，第三次當了俘虜。

諸葛亮笑著問孟獲：「這回服了吧？」

孟獲氣哼哼地說：「這是因為我弟弟貪饞，耽誤了我的大事，怎麼能讓人心服呢？」

諸葛亮說：「那就再放你回去！」

孟獲立刻說：「丞相若肯放我兄弟，我一定收拾家丁，和您大戰一場。那時若再被擒，我就死心塌地地投降。」

諸葛亮痛快地說：「好吧！下一次你要小心謹慎，用好計策和信得過的人來和我作戰。」

說罷，把孟獲兄弟，連同所有的兵將，一同釋放。

諸葛亮統領大軍，渡過瀘水，在河南岸建起 3 個大營，等待南兵。

果然，孟獲帶領 10 萬人氣勢洶洶地殺來，諸葛亮見南兵驕狂自負，下令堅守，不準出戰。同時讓趙雲、魏延帶領本部人馬出發了。

幾天以後，諸葛亮乾脆退出河南岸的 3 個營寨，回到河北岸。孟優指著空寨裡的無數糧草、車輛說：「這是諸葛亮的計策吧？」

孟獲說：「我想，準是蜀國發生了大事，不是吳兵入侵，就是魏軍討伐。我們應該火速追擊。」

當南軍逼近河岸時，發現北面建起了新的營寨，旗幟鮮明，軍容嚴整，孟獲對孟優說：「這是諸葛亮怕我們追擊，故意在北岸稍住幾天，很快會撤走的。」

他哪裡想得到，此時趙雲、魏延早已繞到了自己的後方。

一天晚上，狂風大作，隨著一片火光和震天的喊聲，大隊蜀兵殺了過來。

孟獲急忙帶領親信兵丁撤退，卻被趙雲攔住。迫使他趕緊往僻靜的山谷逃走，又被馬岱殺了一場。

此時，北、西、南三處都是火光，孟獲只得向東逃跑，身邊就剩下幾十個人了。剛剛轉過一個山口，只見一片樹林前面，諸葛亮坐在一輛小車上，周圍只有幾十個人。

孟獲對周圍的兵丁說：「我被這人侮辱了 3 次，今天有幸在這裡遇上他了。你們要奮力爭先，連人帶車砍得粉碎！」

接著，孟獲當先，南兵緊隨，吶喊著殺向樹林，只聽「咕咯」一聲響，這些人全都掉進了陷坑。

魏延從林中轉出，和幾百名士兵一起，把坑裡的兵將拖了出來，用繩

子捆好。那 10 萬南兵，除了死傷的，全都投降了。

諸葛亮不僅用酒肉款待，還以好話勸慰，然後全部放回，接著對孟優說：「你哥哥心裡迷糊，被我捉了 4 次，有什麼臉再見人呢？你要好好地勸他呀！」

孟優滿臉羞愧，跪地求饒。諸葛亮說：「我若要殺你也不在今天。現在饒你一命，好去勸你哥哥。」

士兵為孟優解了綁繩，孟優哭著走了。

一會兒，魏延綁著孟獲來了。這回諸葛亮一反往常，生氣地說：「你這回又被我捉住了，還有什麼理說！」

孟獲說：「我是誤中了你的奸計，死也不服。」

諸葛亮大聲喝令：「砍頭！」

刀斧手推出孟獲，孟獲滿臉氣憤，毫不害怕，還回過頭來說：「你要是再敢放我一回，我一定能報 4 次敗仗之仇！」

諸葛亮哈哈大笑，命令刀斧手解綁，就在帳中用酒食招待，然後把孟獲放了。

孟獲 4 次被擒，知道了諸葛亮的厲害，就和弟弟商量，跑到一個叫禿龍洞的險要之地躲起來負隅頑抗。

孟獲心想，蜀兵受不了這一帶的炎熱濕氣，日子長了，必然撤退。

他哪裡想到，諸葛亮依靠投降的南兵引路，蜀軍這次歷盡艱辛，又在當地土人的引導下，還是戰勝了惡劣的自然條件，奇襲禿龍洞，

孟獲正準備拚死一戰，部下來報告，說相鄰的洞主楊鋒，帶領 3 萬兵來助戰。

孟獲高興地把楊鋒和他的 5 個強悍的兒子請進洞。孟獲設酒席招待他們。

楊鋒說：「您這裡缺少舞樂，我那裡有隨軍的女隊，能舞刀使盾，可以助興。」

孟獲欣然同意。楊鋒把手一招，幾十名南人少女，舞著刀盾，邊跳邊舞地進來了。楊鋒手下的南兵拍著手，唱著歌伴奏。

楊鋒的兩個兒子起來給孟獲、孟優敬酒，孟獲、孟優剛剛接過杯子，只見楊鋒大喊一聲，兩個兒子已經捉住二孟，眾舞刀少女手持著明晃晃的戰刀，誰敢靠近？

孟獲說：「兔死狐悲，咱們都是洞主，你們為什麼要害我？」

楊鋒說：「我們兄弟子女們都感謝諸葛亮丞相活命的恩德，只有你還反叛！所以要把你捉住，向諸葛亮丞相報恩。」

楊鋒父子把孟獲兄弟獻給諸葛亮。諸葛亮給予重賞，然後把孟獲兄弟拉來。諸葛亮笑著說：「這回你心服了吧？」

孟獲說：「這不是你的本事！只要你放了我，我回到祖居的銀坑山。你要是在那裡捉住我，我們子子孫孫一定心服！」諸葛亮像過去一樣，又把孟獲放了。

孟獲連夜奔回銀坑山，召集了本宗族1000多人，又向鄰山、鄰洞請了幾萬援軍，再次和蜀軍交鋒，又吃了幾個敗仗，最後連老巢銀坑山也被蜀軍占了。

諸葛亮立即下令分兵緝拿奔逃在外的孟獲。孟獲實在沒辦法，就讓自己的妻弟帶來洞主把自己和妻子，連同好幾百人綁送到蜀營，說是帶來洞主勸孟獲投降，孟獲不聽，被捉來獻給丞相。

諸葛亮等帶來洞主把幾百人押進營帳，立即一聲令下，兩人捉一個，全部拿下。然後一一搜身，果然見人人都貼身藏著武器。

諸葛亮問孟獲：「你這回可是在老家銀坑山被捉，應該心服了吧？」

孟獲說：「這是我自己來送死，當然不服！」

諸葛亮說：「我捉住你 6 次了，還是不服。你想讓我擒你幾次呀？」

孟獲說：「7 次！要是 7 次被擒，我才傾心歸服。」

諸葛亮說：「你連巢穴都丟了，我更沒有顧慮了。」讓武士給這幾百人解綁。孟獲一群人抱頭鼠竄。

孟獲家破兵敗，只得向鄰近的烏戈洞主借藤甲兵。原來這藤甲是用油反覆浸泡，晾曬幾十遍煉製而成，刀劍不入，人坐在上面入水也不沉，十分厲害。

諸葛亮命令魏延，在半個月內連輸 15 陣，放棄寨柵。

孟獲大笑著說道：「看來諸葛亮的計策已經用盡，只要再一進攻，我們就能夠勝利。」

到了 16 天，魏延帶領敗兵前來迎敵，因戰不過藤甲兵，又敗退而走，烏戈緊追不捨。

魏延帶兵轉入到了盤蛇谷。烏戈趕入谷中，見數十輛油櫃車擋在路中，突然橫木亂石從谷上滾了下來，塞住了谷口。

又見油櫃車上的乾柴都燃燒了起來，頓時濃煙滾滾，火焰衝天。

一場火攻，把那油浸的藤甲燒個精光，孟獲第七次當了俘虜。這回諸葛亮也不和孟獲說話，只是給他解了綁，送到另外的營帳飲酒壓驚。

孟獲、孟優、帶來洞主和所有的宗族俘虜正在飲酒，一位官員進來對孟獲說：「丞相不好意思見您了，讓我放您回去，準備再戰。」

孟獲聽後淚流滿面，對左右說：「七擒七縱，這是自古以來沒有的事呀！我要是再不感謝丞相的恩德，可就太沒有羞恥了。」

說完，帶著兄弟、妻子、同族就走出營帳去向諸葛亮投降。

諸葛亮南征，開發西南，他對彝族首領孟獲使用「欲擒故縱」的策

略，七擒七縱，逐次推進到邊遠地方，終於使孟獲心悅誠服，誓不復反。

孟獲回去以後，還說服各部落全部投降，南中地區就重新歸蜀漢控制。

諸葛亮平定南中後，命令孟獲和各部落的首領照舊管理他們原來的地區。

有人對諸葛亮說：「我們好不容易征服了南中，為什麼不派官吏來，反倒仍舊讓這些頭領管呢？」

諸葛亮說：「我們派官吏來，沒有好處，只有不方便。因為派官吏，就得留兵。留下大批兵士，糧食接濟不上，叫他們吃什麼。再說，剛剛打過仗，難免死傷了一些人，如果我們留下官吏統治，一定會發生禍患。現在我們不派官吏，既不需要留軍隊，又不需要運軍糧。讓各部落自己管理，漢人和各部落相安無事，豈不更好？」

大家聽了諸葛亮這番話，都欽佩他想得周到。

諸葛亮率領大軍回到成都。後主和朝廷大臣都到郊外迎接，大家都為平定南中而感到高興。劉禪與孔明並車而行，設太平筵，重賞三軍。

從此每年有 300 多個鄰邦向蜀國進貢。諸葛亮一面積蓄財富，一面訓練人馬，一心一意準備大舉北伐。

諸葛亮的七縱，意在擴大疆土，拿孟獲做榜樣，去降服其他少數民族。

因此，他任命孟獲做蜀國的官，管理南方各部族。他的下屬官吏都讓當地人擔任，只定些大的制度，讓他們自己管理地方政事。

諸葛亮把南方的事安排就緒後，下令回成都時，孟獲他們送了一程又一程，還以金銀財寶、丹砂、生漆、耕牛、戰馬送給國家。諸葛亮吩咐留下很多糧食、藥品。

從此，不僅南方得以安定，而且各部族注意發展農業，生活也開始有所改善，從而完成了平定南中，解除北伐曹魏的後顧之憂。

征服南中後，諸葛亮開始大力發展南中經濟。以往，這個地區被人稱為不毛之地，山高路險，交通不便，歷代王朝很少涉足這個地區。

在諸葛亮之前，有史記載的漢族深入此地區的只有戰國時的楚威王，他曾派將軍莊橋入滇，以擴大楚國地盤。

莊橋入滇後卻因秦滅楚而不能歸，後在滇地稱王。當時莊橋入滇帶去了一些漢族先進的生產工具，在一定程度上促進了南中地區的經濟發展。

此後幾百年，漢族與此地區少數民族幾乎是處於相互隔絕的狀況。

諸葛亮此次南征，徹底打通了漢族與西南少數民族居住地區的聯繫，為全面開發該地區社會經濟奠定了基礎。

從此，漢族地區的先進生產技術開始源源不斷地傳入到該地區，如牛耕、紡織等生產技術，皆是從此時開始傳入南中地區的。

由於諸葛亮十分注重發展西南地區經濟，這不僅對蜀漢國的政權鞏固、經濟發展造成了非常重要的作用，使蜀漢政權從該地區得到豐富的物資供應。

而且，開發大西南對以後幾千年中國的完整和統一也奠定了堅實的基礎。

空城計退司馬懿

南征結束後，接下來自然是承續劉備建立的蜀漢王朝的任務，北伐曹魏，興復漢室，諸葛亮為此在積極謀劃著。

在諸葛亮 47 歲那年，夫人黃月英為其生下了長子諸葛瞻，小妾韓慧也懷上了孕。年近半百得子，使諸葛亮夫婦都異常高興。原先，因為無嗣，兄長諸葛瑾把兒子諸葛喬過繼給諸葛亮為養子。諸葛亮曾對他嚴格教育，寫下了《與兄瑾世子喬言書》。現得了親子，諸葛亮立即寫信給兄長報喜，派人送到東吳去。

曹操死後，魏主曹丕在位 7 年，到蜀漢建興四年，曹丕因寒疾不痊而薨，時年 40 歲，其孫子曹睿即位。

同年，驃騎大將軍司馬懿上表大魏皇帝，要求鎮守西涼等地，曹睿準奏，封司馬懿為提督。

諸葛亮聽到報告不由大驚，司馬懿深有謀略，必為蜀國大患。參軍馬謖對諸葛亮道：「司馬懿雖然是魏國的大臣，但曹睿一向對他懷有戒心。我們不如派人秘密潛往洛陽等地，散佈流言，說司馬懿想要造反，借曹睿殺了他。」

諸葛亮用了馬謖之計。果然不久，曹睿中了馬謖的反間計，只因疑心是吳蜀奸細所為，所以未殺司馬懿，罰其削職回鄉。

諸葛亮聞聽司馬懿中計遭貶，大喜。第二天後主早朝，大會官僚。諸葛亮上《出師表》欲北伐中原，以申述出兵中原之大義。

《出師表》中奏道：「臣本是一介平民，在南陽耕田種地，只想在亂世之中保全性命，未曾想在天下顯身揚名。先帝不因為臣卑賤，反而降低身

份，三顧臣於草廬之中，詢問天下大事，臣非常感激，於是答應為先帝奔走效勞。後來正趕上荊州大敗，臣受任於敗軍之際，奉命於危難之間，迄今已 21 年了。先帝知道臣小心謹慎，所以在臨終之時把國家大事託付給臣。從接受遺命以來，臣日夜都在憂嘆，唯恐辜負了先帝的厚望，有損於先帝的知人之明。所以，臣在五月裡渡過瀘水，深入不毛之地，平定了南方。現在南方已經安定，國家兵甲已足，應動員三軍，北伐中原，這是臣對先帝的報答，也是效忠陛下應盡的責任。」

諸葛亮一番陳詞，慷慨而情深，大義而忠烈，既為報知遇之恩，也是盡為臣之責。

隨即諸葛亮又下了一道討伐曹魏的詔書，進一步使北伐中原的行動出師有名，得到全國人民的支持。據有荊、益，南撫夷越，奪取中原，興復漢室，是《隆中對》制定的戰略決策。

征服南中，是諸葛亮整個軍事戰略計劃的一部分，他的最終目標並非偏安一隅，而是要北伐中原，統一中國，匡扶漢室。

因此，征服南中返回成都後，諸葛亮立即開始準備北伐中原之事。第二年六月，諸葛亮揪住孫吳政權兩次向曹魏起兵之機，決定揮師北伐，以完成先帝劉備之遺志，了卻他自己平生宏願。

諸葛亮說：「臣受先帝託孤之重擔，夙夜不曾有所懈怠。現在南方已經平定，可以沒有內顧之憂了。不趁此時討賊，恢復中原，又更等何時！」

這時班部中太史譙周走出來奏道：「臣夜裡觀天象，北方旺氣正盛，未必能夠取勝。」之後對諸葛亮言道，「丞相十分瞭解天文，為何強要去北伐呢？」

諸葛亮說：「天道變化無常，怎能過於拘謹固執？如今我將軍馬駐紮在漢中，觀北魏的動靜再做行動。」

於是，諸葛亮留下內外文武 100 多人，一同治理蜀中之事，自己點

將出師。後主帶領百官，一直送出成都北門外 10 多里路。諸葛亮辭別後主，旌旗蔽野，戈戟如林，率軍往漢中逶迤進發。

這次北伐，幾乎動用了蜀漢所有的將領，名曰 30 萬，其實只有 5 萬左右，顯然諸葛亮並未傾巢而出。

蜀漢建國不久，加上劉備去世，北伐雖然重要，內部穩定更是生死關鍵。首先是廖立，恃才自傲，爭官奪利，誹謗別人。諸葛亮嚴明執法，對其進行彈劾，廖立被免去官職，廢為平民，流放到汶山郡。

再就是朝廷重臣李嚴，個人野心急劇膨脹。他勸諸葛亮受九錫之禮，晉爵稱王，就像曹操對漢獻帝那樣。他這樣做的目的，是讓諸葛亮帶上不忠逆臣的罪名，讓諸葛亮倒台，自己好取而代之，諸葛亮不同意，對其進行了駁斥。

後李嚴要求劃出 5 個郡建立巴州，由他出任刺史，企圖與朝廷分庭抗爭，遭到諸葛亮的嚴詞拒絕。後來李嚴由於誤送軍糧，反推卸職責，欺君罔上，被流放於梓潼郡。

諸葛亮率領大軍抵達陝西與四川交界的陽平工，即今陝西勉縣西北後，諸葛亮決定不直接從陝南出兵攻取民收、咸陽等地，而是迂迴用兵，先取隴右，以形成對曹軍西線的威勢，再從西向東全線出擊。

當諸葛亮的軍隊西出祁山，突然出現在隴右地區時，駐隴魏軍毫無防範，紛紛潰敗投降。

諸葛亮很快就占領了南安，即今甘肅隴西東南。天水，即今甘肅通渭西北和安定，從南至北，清除了隴右的魏軍，並派兵進駐街亭，即今甘肅秦安東北，以扼守隴西至關中的咽喉要道。

諸葛亮自出師以來，累獲全勝，心中甚喜。一日正在祁山西城，即今陝西安康北會眾議事，忽報魏主曹睿面詔司馬懿，恢復官職，即將起兵平

西。諸葛亮大驚道：「我所憂患者，就是司馬懿這個人。」

曹睿聞知蜀軍已出兵隴西，親率大軍坐鎮長安，派大將張郃領 5 萬軍隊赴西線迎敵，兩軍在街亭相遇。

諸葛亮到了祁山，決定派出一支人馬去占領街亭，作為據點。讓誰來帶領這支人馬呢？當時他身邊還有幾個身經百戰的老將。可是他都沒有用，單單看中參軍馬謖。

馬謖這個人確是讀了不少兵書，平時很喜歡談論軍事。諸葛亮找他商量起打仗的事來，他就談個沒完，也出過一些好主意。因此諸葛亮很信任他。但是劉備在世的時候，卻看出馬謖不大踏實。他在生前特地叮囑諸葛亮，說：「馬謖這個人言過其實，不能派他幹大事，還得好好考察一下。」

但是諸葛亮沒有把這番話放在心上。這一回，他派馬謖當先鋒，王平做副將。

馬謖和王平帶領人馬到了街亭，張郃的魏軍也正從東面開過來。馬謖看了地形，對王平說：「這一帶地形險要，街亭旁邊有座山，正好在山上紮營，佈置埋伏。」

王平提醒他說：「丞相臨走的時候囑咐過，要堅守城池，穩紮營壘。在山上紮營太冒險。」

馬謖沒有打仗的經驗，自以為熟讀兵書，根本不聽王平的勸告，堅持要在山上紮營。王平一再勸馬謖沒用，只好央求馬謖撥給他 1000 人馬，讓他在山下臨近的地方駐紮。

張郃率領魏軍趕到街亭，看到馬謖放棄現成的城池不守，卻把人馬駐紮在山上，暗暗高興，馬上吩咐手下將士，在山下築好營壘，把馬謖紮營的那座山圍困起來。

馬謖幾次命令兵士衝下山去，但是由於張郃堅守住營壘，蜀軍沒法攻

破，反而被魏軍亂箭射死了不少人。

蜀軍在山上斷了水，連飯都做不成，時間一長，自己先亂了起來。張郃看準時機，發起總攻。蜀軍兵士紛紛逃散，馬謖要禁也禁不了，最後，只好自己殺出重圍，往西逃跑。

王平帶領 1,000 人馬，穩守營盤。他得知馬謖失敗，就叫兵士拚命打鼓，裝出進攻的樣子。張郃懷疑蜀軍有埋伏，不敢逼近他們。王平整理好隊伍，不慌不忙地向後撤退，不但 1,000 人馬一個也沒損失，還收容了不少馬謖手下的散兵。

由於馬謖拒諫，致使戰略重地街亭失守。諸葛亮頓足長嘆道：「大勢去矣！這都是我用人不當的過錯啊！」

於是密傳號令，教大軍暗暗收拾行裝，以備起程退回漢中。又派心腹之人，分路去報告天水、南安、安定 3 郡的官軍和百姓，全都撤入漢中地區。

諸葛亮分撥已定，忽然十幾次飛馬來報說：「司馬懿引大軍 15 萬，望西城這邊蜂擁而來！」

諸葛亮這時身邊沒有別的大將，只是一班文官，所帶的 5,000 軍士已派出一半先運糧草去了，只剩下 2,500 人在城中。

眾官員聽到這個消息，全都大驚失色。諸葛亮登城眺望，果然塵土衝天，魏兵分兩路往西城殺來。諸葛亮傳令：「將旗幟全部藏起來，諸軍各守城鋪，若有自行出入或高聲講話的，立即斬首。大開四面城門，每道門用 20 個軍士，扮作百姓的樣子，灑掃街道。魏兵來到的時候，不許擅自行動，我自有計策。」

諸葛亮仍身披鶴氅，頭戴綸巾，領兩個小童攜一張古琴，來到城上敵樓前憑欄而坐，焚香操弦。

司馬懿的大軍前隊來到城下，見到這般情景，全都不敢進城。司馬懿不信，叫三軍停住，親自飛馬過去，遠遠地觀看，果然見諸葛亮坐在城樓上，笑容可掬，焚香操琴。

左邊站著一個童子，手捧寶劍；右邊站著一個童子，手執鳳尾。城門內外，有 20 多個百姓低頭灑掃，旁若無人。司馬懿一見心中大惑不解，便來到中軍，叫後軍變前軍，前軍變後軍，向北山退去。

司馬懿的兒子司馬昭道：「說不定諸葛亮城中沒有軍，故意作出這種姿態？父親為何就退兵了呢？」

司馬懿道：「諸葛亮平生謹慎，沒有冒過險。今日大開城門，必有埋伏。我軍若攻進城，一定會中他的計。所以應當速速退兵。你這小輩懂個什麼？」

諸葛亮見魏軍走遠了，大笑起來。眾官無不驚駭，問諸葛亮道：「司馬懿可是魏國名將，今日統率 15 萬精兵來到這裡，一看見丞相掉頭便走，這是為什麼呢？」

諸葛亮道：「他料我平生謹慎，從不冒險行事，而今日這般大模大樣，一定是城中藏有伏兵，所以就後退了。其實並不是我冒險，而是我迫不得已。他一定帶軍往北山小路去了，我已令興、包二將在那裡等候。」

眾人聽罷都驚異地歎服道：「丞相玄機，神鬼莫測。要是依我們這些人的意見，早就棄城而逃了。」

諸葛亮說：「我們這裡只有 2,500 軍士，要是棄城而走，必不能走遠，還不被司馬懿給抓住？」說完拍手大笑，道，「我要是司馬懿，就不退兵。」

然後下令叫西城百姓隨軍一同遷往漢中，並說：「司馬懿還會來的。」於是諸葛亮便離開了西城，往漢中而去。

蜀軍失去了重要的據點，又喪失了不少人馬。諸葛亮為了避免遭受更

大損失，決定把人馬全部撤退到漢中。

　　諸葛亮回到漢中，經過詳細查問，知道街亭失守完全是由於馬謖違反了他的作戰部署。馬謖也承認了他的過錯。諸葛亮按照軍法，把馬謖下了監獄，定了死罪。

　　馬謖自己知道免不了一死，在監獄裡給諸葛亮寫了封信，說：「丞相平日待我像待自己的兒子一樣，我也把丞相當作自己父親。這次我犯了死罪，希望我死以後，丞相能夠像舜殺了鯀還用禹一樣，對待我的兒子，我死了也沒牽掛了。」

　　諸葛亮殺了馬謖，想起他和馬謖平時的情誼，心裡十分難過，流下了眼淚。以後，他真的把馬謖的兒子照顧得很好。

　　諸葛亮認為王平在街亭曾經勸阻過馬謖，在退兵的時候，又用計保全了人馬，立了功，應該受獎勵，就把王平提拔為參軍，讓他統率五部兵馬。

　　諸葛亮對將士們說：「這次出兵失敗，固然是因為馬謖違反軍令。可是我用人不當，也應該負責。」他就上了一份奏章給劉禪，請求把他的官職降低 3 級。

　　劉禪接到奏章，不知該怎麼辦才好。有個大臣說：「既然丞相有這個意見，就依著他吧！」

　　劉禪就下詔把諸葛亮降級為右將軍，仍舊辦丞相的事。

再上表北伐討魏

魏明帝太和二年，也就是諸葛亮第一次北伐失敗當年的八月，東線孫吳卻在石亭，即今安徽潛山東北與曹魏的戰鬥中打了一場大勝仗。

不久，東吳派使臣到蜀中來致書，請求出兵共討魏國，並述說東吳不久前大破曹軍之事，一來，顯示自己的威風，二者，表示與蜀國和好。後主大喜，令人持這份使書到漢中，報知諸葛亮。

諸葛亮正值兵強馬壯，糧草豐足，所用之物，一切完備，正準備再次出師，收到後主書信，立即設宴大會諸侯。

宴席間，忽然颳起一陣大風，竟將庭院前的一棵松樹吹折了，眾人都大吃一驚。忽報趙雲將軍昨夜病重而死。諸葛亮大聲道：「子龍身故，國家損一棟梁，我失去了一隻臂膀啊！」

眾將無不揮淚泣顏。諸葛亮命子龍二子到成都去面見後主報喪。

後主聽說趙雲死，放聲大哭，道：「想當年，先父攜民渡江，遭敵兵追截，朕尚年幼，要不是子龍將軍單騎拚死相救，朕早就死在亂軍之中了！」

立即下詔，敕厚葬於成都錦屏山之東，建立廟堂，可四時享受祭祀。子龍二子謝辭而去。

後主身邊的大臣這時上奏說：「諸葛丞相將軍馬分撥已定，即日就將出師伐魏了。丞相派楊儀帶《出師表》來到成都，呈交御覽。」

這便是後來著名的《後出師表》。

近年有人提出，《後出師表》應是諸葛亮所寫。因為張儼與諸葛亮同時稍後，對諸葛亮的生平事蹟很熟悉，如果《後出師表》為人偽撰，張儼不會不加辨別就把它收進《默記》。至於陳壽，因為不敢犯司馬氏之諱，所以不敢把罵他們為魏賊的《後出師表》收入《三國志》本文。

　　但較多的人恐怕還是認為《後出師表》不是出自諸葛亮之手。比較而言，這一種意見理由充分一些。

　　《後出師表》所說的很多事情與史實不合。比如，它列數曹操的幾次失利，如困於南陽、險於烏巢、危於祈連、僵於黎陽、幾敗北山、殆死潼關，除南陽、烏巢、潼關幾次遇險史書有記載，另幾次都沒有確切依據。又比如，《後出師表》說劉繇、王朗各據州郡，連年不征不戰，坐使孫策據有江東，這和史書記載的情形也不合。

　　這或者可以解釋為史書缺載或誤載，或諸葛亮誤記，但有一件事卻不可能誤記，即趙雲之死。趙雲是建興七年死的，他在第一次北伐中雖然失利，但未大敗，更不至於喪生，他還被貶為鎮軍將軍，這是退軍以後的事。

　　這是《三國志・趙雲傳》和註引《趙雲別傳》明確記載的。但上於建興六年十一月的《後出師表》卻說趙雲和另外 70 多名戰將都已經死了。這個明顯的漏洞很難作別的解釋。

　　更主要的是，《後出師表》的行文不像出自諸葛亮之手。《後出師表》是上給後主的，諸葛亮這時儘管攬蜀漢大權於一身，他也清楚地知道後主窩囊無能，但後主畢竟是他的君主，而且他受劉備臨終之重託，因此，他對後主一向是恭謹的，雖時時苦心勸諫，但措辭總是誠懇委婉，《前出師表》就是這樣。

　　不像這篇《後出師表》，開頭就直說後主無能，當面指問：「今陛下未及高帝，謀臣不如良、平，而欲以長計取勝，坐定天下，此臣之未解一也」，這不是臣下對君主的口氣，更不像諸葛亮說的話。

　　諸葛亮一向有膽略，有抱負，有堅韌不拔、百折不撓的毅力。未出茅廬，他就自比管仲、樂毅，劉備請他出山，正是勢單力孤、處境最困難的時候，他卻在這時為劉備畫出了據荊州、取益州，以成帝業的宏偉藍圖。

就在上《後出師表》的同一年，他上《前出師表》，先主崩殂，益州疲弊，正值危急存亡之秋，但他仍相信，只要後主親賢臣，遠小人，「漢室之隆，可計日而待」，而他率軍北伐，也有決心「攘除奸兇，興復漢室，還於舊都」。

但不到一年，在《後出師表》中，這一切全不見了，消沉、沮喪，列舉的 6 條不解，都是對北伐缺乏信心。

「然不伐賊，王業亦亡，唯坐而亡，孰與伐之？」

北伐全然是無可奈何的。「凡事如是，難可逆料」，只有盡力而為，「至於成敗利鈍，非臣之明所能逆睹也。」

看不到勝利的希望，對前途悲觀渺茫。這不是《前出師表》中那個諸葛亮的精神狀態。

不過，《後出師表》有一處卻很可取，就是它有「鞠躬盡瘁，死而後已」這兩句話。這兩句話，準確地概括了諸葛亮一生的精神品質。

《後出師表》的全部價值也就在此。羅貫中把《後出師表》寫入《三國演義》，大約也是看準了這一點，他抓住諸葛亮「鞠躬盡瘁，死而後已」的精神，塑造了一個光彩奪目，為世代人們景仰的藝術典型。

卻說當時後主看過表後非常高興，便敕令諸葛亮出師。諸葛亮領命，起 30 萬精兵，令魏延率前部先鋒，再度北伐。這年冬季，諸葛亮率軍出散關，即今陝西寶雞市南，包圍陳倉，即今寶雞市東，攻 20 多日未能破，糧盡而返。

第二年春天，諸葛亮派陳式率軍攻打武都即今甘肅成縣西、陰平即今甘肅文縣西北，拔二郡。蜀人祝賀諸葛亮，諸葛亮寫《謝賀者》。

建興七年四月，孫權稱帝，改年號為黃龍元年，諸葛亮派衛尉陳震前去祝賀。六月，吳蜀訂盟。

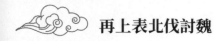 **再上表北伐討魏**

　　建興八年七月，魏軍三路攻蜀，諸葛亮御之於城固。因大雨無法行軍，魏軍自退。諸葛亮派魏延入羌中，大破曹魏軍。

　　建興九年二月，諸葛亮率大軍攻魏，圍祁山，大敗司馬懿於西城。但是在同年六月，終因糧草不濟，又不得不退兵。

木牛流馬運糧草

228 年，諸葛亮率軍進行第三次北伐，占領了原魏國據守的武都，即今甘肅成縣西北。陰平，即今甘肅文縣二郡，並將其正式劃入蜀漢的版圖。此次雖沒打到關中，卻也取得了局部的勝利。

231 年，諸葛亮又組織了第四次北伐。

經過 3 年的戰爭實踐，諸葛亮已經總結了不少對敵鬥爭的經驗，這次北伐，他就改變了往日圍城攻堅的戰術。

這次，諸葛亮充分汲取了前幾次軍事行動的教訓，把糧草運輸當作首要任務進行認真組織，委派曾一同受劉備遺詔輔政的大臣李嚴負責督運軍糧，並根據山地運糧困難的特點，專門設計了一種被稱為「木牛」的運糧獨輪車。

這次北伐，諸葛亮遇到了多年的勁敵，曹魏方面的統帥，曾受遺詔輔政的司馬懿。

與諸葛亮對抗了 3 年的曹魏大司馬曹真，體力不支，重病在臥。曹真是一位久經戰陣，經驗豐富的指揮將領，曹魏智囊人物桓範曾稱讚說 ：「曹子丹佳人。」

可見他並非無能將領。曹真的重病不起，對諸葛亮北伐倒不是一件壞事，如果曹魏政權派來接替曹真的是個平庸之輩，對諸葛亮的取勝倒多了一分把握。

但是魏明帝也不傻，他任命接替曹真位置的是比曹真更厲害的司馬懿。司馬懿軍事上運籌帷幄，機謀應變自如。此人深識兵法，且有謀略，穩而不躁，沉於思考。他曾鎮守荊州以禦東吳，因關中統帥曹真患病，他

就被曹睿調往長安代替曹真，統率張郃、費耀、戴淩、郭淮4員大將在西線抵抗蜀軍。

兩軍在隴西相遇，諸葛亮採取避實就虛的戰術，先避開敵方之主力，攻擊駐守上都，即今甘肅天水之魏軍，從而大獲全勝，使守衛上都的費耀、戴淩逃回城中，不敢再戰。

當司馬懿得知諸葛亮攻上都，即率主力從祁山前去救援，但他深知諸葛亮屬害，兵至而不戰，只在險要地方下寨據守，不出戰。

諸葛亮每日派將出陣，高聲叫罵，故意羞辱司馬懿，以此激他率軍出戰，但老謀深算的司馬懿仍按兵不動，置之不理。

於是，膽識過人的諸葛亮又改用誘敵之計，佯裝退兵，司馬懿前見蜀軍退走，派人打聽虛實後就率軍尾隨而進，仍不急不躁，決不主動與蜀軍正面交鋒。

司馬懿的舉動遭到了他手下部將們的戲弄和嘲笑，加上諸葛亮又經常派部將士兵向魏軍挑戰，甚至辱罵，這使魏軍將士怒氣衝天，不堪忍受。

他們多次請戰，但主帥司馬懿就是不允許，於是他們議論開了：「還未交戰就不敢出戰，將軍畏敵如虎，難道就不怕天下人譏笑？」

這些議論日益增多，終於，司馬懿穩不住了，於是決定與諸葛亮決戰。諸葛亮等的就是司馬懿的急躁，早已布下伏兵，只等司馬懿往裡鑽。

這一仗把曹魏軍隊殺得大敗，使司馬懿再也不敢與諸葛亮交戰了。

此後，兩軍相持近6個月之久，諸葛亮又因糧草供應不濟，只得再次退兵。

司馬懿以為這下可該出擊蜀軍了，就派大將張郃率兵追殺，誰知追到木門谷，即今甘肅天水西南又中了諸葛亮的埋伏，大敗魏軍，魏軍追兵反而成了潰軍。

諸葛亮撤回漢中後，嚴厲懲治了督運軍糧不力的老將李嚴，並決定暫緩北伐，休整內政，鼓勵農商，發展生產，讓國力重新恢復起來，以便作好充分準備，再次北伐。

234 年，已 50 多歲的諸葛亮決定再次率軍北伐。由於 3 年的準備，他已將大量的糧草囤積在斜谷口，以備軍用。

在進行了充分準備之後，他親率 10 萬大軍從陝南出發，這一次他不再西出隴地，而是直插陝西渭水南岸的五丈原即今陝西峽山南。

這次魏軍統帥仍是司馬懿。當兩軍在渭水邊對峙紮營後，司馬懿故技重演，堅壁據守，就是不出戰，而諸葛亮卻希望早早決戰，不宜久拖。

為此，諸葛亮用盡所有的手段，甚至派人送了一套婦人服飾給司馬懿，嘲笑他們婦人一樣膽小。但司馬懿已吃過諸葛亮的虧，即使受辱，也忍住不戰。為掩人耳目，他還假說決戰需奏準皇上，使眾人不敢再非議他。

司馬懿率領魏軍背水築營，想再次以持久戰消耗蜀軍糧食，令蜀軍自行撤退，諸葛亮也明白缺糧的問題，開始實施屯田生產糧食。而孫權也曾率 10 萬大軍北上響應蜀漢，但被曹睿親自率軍打敗。

為瞭解決軍糧以便繼續北伐，諸葛亮勸農講武，令軍在當地屯田，供應駐軍糧草。

一日，長史楊儀報告說：「如今糧米都存在劍閣，人力牛馬搬運不方便，怎麼辦呢？」

諸葛亮笑道：「我已運籌謀劃很久了。把以前所積存下來的木料，加上在西川收買下的大木，拿去教人製造木牛流馬，非常方便。這些『牛馬』全都不用飲水，可晝夜運輸，非常輕便。」

眾人聽了很是驚奇，道：「從古到今，從來沒有聽說什麼木牛流馬的

事。不知丞相有什麼妙法,能造出這般神奇之物?」

諸葛亮說:「我已經下令讓人依照圖樣製作,還未完工。我現在先把木牛流馬的原理,尺寸方圓、長短窄闊寫下來,你們大家來看一下。」

眾人大喜。諸葛亮便在一張紙上寫下,拿給眾將觀看。

眾將看了一遍,都拜服了,說道:「丞相真是神人啊!」

過了幾天,木牛流馬造好了,竟像活的一樣,上山下嶺,都十分方便。眾軍見了,真是無不歡喜。

諸葛亮命令右將軍高翔帶 1,000 兵,駕著木牛流馬,從劍閣直達祁山大寨,往來搬運糧草,供給蜀軍之用。

卻說司馬懿正在愁悶,忽然哨馬來報告說:「蜀軍用木牛流馬轉運糧草,人不大勞,牛馬不食。」

司馬懿大驚道:「我之所以堅守而不出戰,正是因為蜀軍糧草接濟不上,而等待他們自入絕境。如今他們使用這種辦法,肯定是要長久作戰之計,不打算退兵了。這可怎麼辦?」

於是急忙叫來張虎等二將吩咐道:「你們到斜谷小路邊埋伏,等蜀軍趕木牛流馬過來,你們就從他後面殺出,搶他三五匹便回來。」二將領令而去。

夜間,魏軍突然襲擊蜀軍的運糧隊。蜀軍措手不及,丟下幾匹木牛流馬。張虎等甚是歡喜,驅回本營寨。

司馬懿一看,果然和真的一樣,高興地說:「他會用這種東西,難道我就不會用嗎?」

於是下令,找來 100 多個能工巧匠,當著他的面把木牛流馬拆開,吩咐他們依照尺寸,去造出一模一樣的木牛流馬來。

不到半個月,魏軍竟造出了 2,000 多只,和諸葛亮所造的木牛流馬

果然相同，也能夠奔走。於是，司馬懿便命令鎮遠將軍岑威帶領 1,000 軍士，驅駕木牛流馬，往隴西去搬運糧草，來回不斷，魏營軍士，無不歡喜。

卻說高翔回來見諸葛亮，說魏軍把木牛流馬各搶去了五六隻。諸葛亮笑道：「我正是要他搶去。我只是費了幾匹木牛流馬，不久卻要得到他軍中的許多資助呢？」

眾將問道：「丞相怎麼知道？」

諸葛亮說：「司馬懿見了木牛流馬，一定會讓人照樣去做，那時我又有別的計策對付他。」

幾天後，有人來報說：「魏兵也會造木牛流馬，用來往隴西運糧草。」

諸葛亮大喜，說道：「不出我所料。」

便叫來王平吩咐說：「你帶 1,000 士兵，扮成魏人，夜裡偷偷越過北原，只對人說是巡糧軍，混入敵人的運糧軍中，把他們都殺散，把木牛流馬趕回，直奔過北原來，這裡一定會有魏兵趕到，你們便將牛馬的舌頭轉過來，牛馬就不能行動了，你們只管丟下牛馬就走。魏兵趕到，牽拽不動，也扛擡不走。我們再有兵到，把木牛流馬的舌頭轉過來，長驅大行，魏兵必然會疑心我們都是神怪，而不敢再追。」王平受計而去。

諸葛亮接著又吩咐張嶷道：「你帶上 500 軍，都扮成了神兵，鬼頭獸身，用五彩塗面，要作出各種怪異之狀：一手舉繡旗，一手拿寶劍，身上掛著葫蘆，裡面藏著煙火之物，埋伏在山漧，等木牛流馬來到時，就放起煙火一起擁出，趕牛馬而行。魏人看見，一定認為是神鬼，不敢再追趕。」張嶷受計帶兵走了。

諸葛亮又喚魏延、姜維吩咐道：「你二人一同帶上一萬士兵，到北原

寨口去接應木牛流馬。」二人遵令而去。

魏將岑威帶軍驅木牛流馬載運糧草，正行之間，忽報前面有巡糧兵。岑威令人前去哨探，果然是魏兵，於是便放心地前進，兩軍合成一路。

突然間喊聲大震，蜀兵就在本隊裡殺起來，大呼：「蜀中大將王平在此！」

魏兵措手不及，被蜀兵殺死一大半。岑威領敗兵抵抗，被王平一刀斬了，其他人都潰散而逃。王平引軍驅木牛流馬而回。

魏軍敗兵飛奔報告北原營寨。大將郭淮聽說軍糧被劫，急忙帶兵來救。王平叫蜀兵扭轉木牛流馬舌頭，全部丟棄在道上，邊戰邊退。

郭淮叫魏兵且不去追，只把木牛流馬趕回去，卻哪裡驅得動？郭淮心中疑惑，正在無可奈何之際，忽然鼓角震天，喊聲四面而起，有兩路兵殺來，正是魏延和姜維。

王平又帶兵殺回，三路夾攻，郭淮大敗而走。王平令軍士將牛馬舌頭又扭轉過來，驅趕而行。

郭淮遠遠望見，剛想回兵再追，卻見山後煙雲突出，一隊神兵擁出，個個手執旗劍，行態怪異，擁護木牛流馬，如風而去。郭淮見狀大驚道：「這必是神助啊！」魏兵無不驚畏，不敢再追。

諸葛亮率兵欲在祁山久駐，便命蜀軍與當地魏民一起種糧，軍一分，民兩分，並不侵犯，魏民都安居樂業。

司馬懿的兒子司馬師對他父親說：「蜀軍劫去我們許多糧米，現在又命令蜀軍和我們魏民一起在渭水邊上屯田，打算長駐，這樣下去實在是國家的大患。父親為什麼不跟諸葛亮約個時間大戰一場，以決出雌雄呢？」

司馬懿道：「我奉旨堅守，不能輕舉妄動。」

正議論間，忽報蜀將魏延前來罵陣，司馬懿只是不出戰。魏延罵了半

天，最後只得回寨。

諸葛亮見司馬懿不肯出兵，便密令馬岱造木柵，在營中挖深溝，放了許多乾柴和引火之物。周圍山上，用柴草虛搭了許多窩鋪，裡外都埋下地雷。

置備停當，諸葛亮又對馬岱密囑道：「要將葫蘆谷後路切斷，在谷中暗伏兵，若司馬懿趕到，讓他進谷，然後就把地雷和乾柴一起放起火來。」馬岱領令而去。

諸葛亮又令一班軍士白天舉著七星旗在谷中，夜晚設七星燈在山上，作為暗號。

接著喚魏延道：「你帶上 500 軍士到魏寨討戰，務必要讓司馬懿出戰，但你不必取勝，只可詐敗，司馬懿一定會來追趕，你便往七星旗處而走，若是夜間，就往亮七星燈的地方去，要引司馬懿進葫蘆谷，到時我自有擒他之計。」魏延受計，帶兵而去。

諸葛亮又叫高翔吩咐說：「你將木牛流馬分二三十或四五十為一群，裝上米糧，在山路上往來行走，如果被魏軍搶了去，那就是你的功勞。」高翔領計而去。

諸葛亮將駐紮在祁山的隊伍都一一分派出去了，只留下屯田兵，對他們吩咐道：「如果其他兵來戰，你們只許假裝打敗，但要是司馬懿親自來了，你們才可以合力去攻打渭南，截斷他的歸路。」

諸葛亮分撥已定，自己帶上一軍來到靠近上方谷的地方安下營寨。

夏侯惠、夏侯和二人進寨報告司馬懿說：「眼下，蜀軍四散結營，各處屯田，以作久駐之計。要不趁早除掉他們，縱令他們安居時間長了，根深蒂固，就更難以動搖了。」

司馬懿道：「這一定又是諸葛亮之計。」

夏侯二人道：「都督要是這般疑慮，敵寇何時才能被消滅？我兄弟

二人要奮力去決一死戰，以報效國家。」

司馬懿說：「既然這樣，你二人可分頭出戰。」

於是命令夏侯惠、夏侯和各帶 5,000 兵去剿寇，自己則坐觀回音。

夏侯惠、夏侯和帶兵兩路，正行之間，撞見蜀軍趕木牛流馬而來，二人便一起殺將過去，蜀軍大敗奔走，木牛流馬全被魏兵搶獲。

第二天，魏軍又抓到蜀兵人馬 100 多個，全部押往大寨，司馬懿向蜀兵審問諸葛亮虛實，然後便都放了回去。

諸葛亮令高翔假裝運糧，驅駕木牛流馬，往來於上方谷內。夏侯惠、夏侯和等不時地去截殺，半月之間，魏軍連勝幾仗，司馬懿心中歡喜。

一日，又抓到幾十個蜀兵，司馬懿問諸葛亮在哪裡，蜀兵答道：「丞相不在祁山大寨，在上方谷西邊安營，令每日運糧屯往谷中。」

司馬懿便叫來眾將下令道：「你們明日可合力齊攻祁山大寨，我親自引兵去接應。」眾將領令，各準備出兵。

司馬師道：「父親為何反要攻敵人後方呢？」

司馬懿道：「祁山乃是蜀人的根據地，若見我軍攻打它，肯定都回來救它，這時我便去取上方谷，燒掉他的糧草，讓他首尾不應，必然大敗。」

司馬師拜服。司馬懿便發兵起行，令張虎等在後面救應。

諸葛亮在山上，望見魏軍或三五千一行，或一二千一行，隊伍紛紛，前顧後盼，料他肯定是來取祁山大寨，便密傳眾將：「若是司馬懿親自來了，你們就去攻魏寨，奪了渭南。」

魏兵都奔祁山大寨而來，蜀軍從四下裡一起吶喊奔出，虛作救應之勢。

司馬懿見蜀軍都去救祁山寨，便帶兩個兒子和中軍護衛人馬，殺奔上方谷來。

魏延在谷口，只盼司馬懿來，忽見一隊魏兵殺到，魏延縱馬上前一看，正是司馬懿。

魏延大喝道：「司馬懿休走！」舞刀相迎，司馬懿挺槍來戰，不上三個回合，魏延撥馬便走，司馬懿隨後跟來。

魏延望七星旗處而走。司馬懿見只有魏延一將，軍馬也少，便放心地追擊，司馬昭、司馬師相隨左右，一齊攻殺。

魏延帶 500 軍都退進了上方谷。司馬懿追到谷口，先令人進去哨探。

回報說谷中並沒有伏兵，山上全是草房。

司馬懿道：「這裡肯定是囤積糧草的地方。」於是大驅兵馬，全部進入谷中。

司馬懿這時忽見草房上儘是乾柴，前面魏延已經不見了，心中不由犯疑，對兩個兒子道：「倘若有兵截斷谷口，那可怎麼辦？」話音未落，只聽喊聲大震，從山上一齊拋下火把來，燒斷了谷口，魏兵無路可逃。

山上火箭射下，地雷一起突出，草房裡乾柴都著了，一時間火勢衝天。

司馬懿驚得手足無措，跳下馬抱住兩個兒子大哭道：「我父子 3 人都要死在這裡了！」

正哭著，忽然狂風大作，黑氣漫天，一聲霹靂，大雨傾盆。於是滿谷的大火，全被澆滅，地雷不震，火器無功。司馬懿大喜道：「不趁此時殺出，更待何時！」

立即引兵奮力殺出，張虎等也帶兵前來接應，與司馬懿合在一處，同歸渭南大寨，不想寨柵已被蜀軍奪去，郭淮等正在浮橋上與蜀軍接戰，司馬懿帶兵殺到，蜀軍退去。司馬懿燒斷浮橋，占據北岸。

在祁山攻打蜀寨的魏兵聽說司馬懿大敗，丟了渭南營寨，軍心大亂，

急退時，四面蜀軍衝殺而來，魏軍十傷八九，死者無數，殘餘的都奔過渭水逃生去了。

諸葛亮在山上看見魏延引司馬懿入谷，一霎間火光大起，心中甚喜，以為司馬懿這次必死，沒想到大雨從天而降，火不能著，使司馬父子死裡逃生。

諸葛亮嘆道：「謀事在人，成事在天。不可強也！」

原來，上方谷位於兩山之間，谷口很小，像個葫蘆，並且谷內地勢很低，空氣潮濕，不易流動。

所以當大火在谷內突起時，氣溫立刻劇增，水分蒸發，升上空中，與高空中的冷空氣相遇，便形成了雲，而乾柴燃燒產生的大量煙塵，又極易使水汽凝結，使得大雨突降。

與此同時而起的狂風和漫天的黑霧，則是由於谷內外空氣冷熱溫差較大所產生的對流氣體造成的，火勢越大，空氣流動也越劇烈，也就更加快了雲層降雨。

司馬懿父子死裡逃生的真正原因，在於上方谷這一獨特的地勢環境，如果是換個地方，他們恐怕早就被諸葛亮的大火燒死了。

五丈原死而後已

諸葛亮屯兵五丈原，屢次挑戰，魏兵只是不肯出戰。

司馬懿採取拖延戰術，的確抓住了諸葛亮的致命弱點。由於戰爭曠日持久，加之諸葛亮辦事謹慎認真，所有軍政大事，事無鉅細，皆事必躬親，這使他日夜操勞，身體漸漸虛弱，很快就因操勞過度而病倒了。

諸葛亮舊病復發，心中昏亂。這天夜裡，他扶病出帳，仰頭觀看天文，不禁十分驚慌，回到帳中對姜維道：「我的生命已危在旦夕了！」

姜維道：「丞相為何說這種話？」

諸葛亮道：「我看見三臺星中，客星特別明亮，主星卻十分幽暗。天象是這樣，我的命運就可知了！」

姜維說：「天象雖然如此，丞相卻為何不用祈禳的辦法挽救它呢？」

諸葛亮說：「我一向通曉祈禳的方法，但並不知道天意如何。你可帶四十九個甲士，每人各執皂旗，身穿皂衣，環繞在大帳外邊，我自己在帳內祈禳北斗星。如果七天之內主燈不滅，那我的壽命就能夠增加十二年；但如果主燈滅了，我便是一定要死了。閒雜人等，不要放進來。一切需用的東西，只叫兩個小童進出搬運。」姜維領命，自去準備。

時值八月中秋，姜維在大帳外面帶領四十九人守護。諸葛亮自己在帳中擺設香燭等祭物，地上分布著七盞大燈，周圍環繞著四十九盞小燈，最中央是一盞本命燈。

諸葛亮在大帳中祈星已經六天，見到主燈明亮，心中非常高興。

姜維進帳來，看到諸葛亮正披髮執劍，踏罡步斗，壓鎮將星。這時忽然聽得營寨外面有吶喊之聲，姜維剛要叫人出去詢問，魏延突然飛步進來報告說：「魏兵來了！」他腳步急快，無意中將主燈撲滅。

諸葛亮一見，丟下劍嘆聲道：「死生有命，不可得而禳也！」

魏延惶恐萬狀，急忙伏在地上請罪。姜維憤怒之下，拔劍便要殺魏延。

諸葛亮阻止他道：「這是我命中該絕，不是文長的過錯。」

姜維這才收了劍。諸葛亮吐了幾口血，臥倒在床上，對魏延說道：「司馬懿料我有病，所以派人來探聽虛實。你可立即出去迎敵。」

魏延領命，出帳上馬，帶兵將夏侯霸趕出大寨二十多里路才回來。諸葛亮叫魏延回本營寨去把守。

姜維進帳，一直走到諸葛亮床前問安。

諸葛亮道：「我本想竭忠盡力，恢復中原，重興漢室，無奈天意如此，我旦夕之間就要死了。我平生的所學，已著書二十四篇，共計十萬四千字，內容有關於八務、七戒、六恐、五懼之法，我察看了所有將領，沒有人可以傳授，唯獨你一人。請千萬不要輕慢忽視了它。」

姜維哭拜著接受了。

諸葛亮又說：「我有『連弩』之法，沒有用過。它的方法是矢長八吋，一弓可以發出十支箭，都已畫成圖本。你可以根據圖法去製造使用。」姜維也拜受了。

諸葛亮又說：「蜀中各條道路，全都不必多憂，只是陰平地區，千萬需要當心。這個地方險峻，時間久了肯定會出事。」

諸葛亮接著又叫馬岱進帳來，附在他耳邊，低聲傳了一個密令，最後囑咐道：「我死以後，你可按計行事。」馬岱領計出去了。

過了一會兒，楊儀進來，諸葛亮把他叫到床前，給了他一個錦囊，秘密地囑咐道：「我死後，魏延一定會反；待他反時，你與他對陣，再打開這個錦囊，那時，自有殺魏延的人。」

諸葛亮一一調度了，便昏了過去，一直到晚上才甦醒過來，連夜表奏後主。

後主聞奏大驚，急忙命尚書李福當晚就起程到軍中，去向諸葛亮問安，並詢問後事。李福日夜兼程來到五丈原，入帳見諸葛亮，傳後主之命。

問安過後，諸葛亮流著眼淚說道：「我不幸在大業未成的半途死去，虛廢了國家大事，得罪於天下。我死以後，你們要盡忠盡力，輔佐後主。國家以前的制度不要改變，我所用過的人，也不可輕易廢掉。我的用兵之法，都已傳授給了姜維，他自會繼承我的遺志，為國出力。」

李福聽完了諸葛亮的話，便辭別，匆匆地趕了回去。

諸葛亮強支病體起來，讓左右的人扶他坐上小車，出寨到各營詢視，回到帳中，病勢更加沉重，便叫來楊儀吩咐道：「馬岱、王平、廖化、張翼、張嶷等，都是寧死盡忠之士，久經沙場，多負勤勞，完全可以委用。我死之後，凡事都要像過去那樣依法而行，要慢慢退兵，不可過急。你深通謀略，不必我多囑咐。姜維智勇兼備，可以決斷我之後的事。」楊儀哭泣著受命。

諸葛亮吩咐相關事宜之後，坐在病榻上，強撐著身體寫了一封遺表給後主。

寫完後，吩咐楊儀說：「我死之後，不可發喪，可教後軍先走，然後一營一營慢慢退兵。如果司馬懿追來，你可以布成陣勢，等他到了，將我以前所雕刻的木像，放在車上推出，司馬懿見了，一定會退兵。」

這晚，諸葛亮讓人將他扶出帳來，仰觀北斗，他遠遠指著一顆星說道：「那便是我的將星。」

眾將正在慌亂之間，忽然尚書李福又來了，看到諸葛亮昏厥，已不能講話，便大哭起來道：「我誤了國家大事！」過了一會兒，諸葛亮又醒了過來，睜開眼睛巡視眾人，見李福站在床前，便說道：「我已知

先生復來之意。」

李福說道：「我奉天子之命，請問丞相百年後，可任大事的人。上次因過於匆忙，忘了詢問，所以復來。」

諸葛亮道：「我死之後，可任大事的人，蔣公琰比較適宜。」

李福道：「公琰之後，誰可繼承？」

諸葛亮道：「費文偉可繼承。」

李福又問：「文偉之後，誰可繼承？」

諸葛亮不答。眾將到近前來看，已經嚥了氣。時建興十二年八月二十三日，漢丞相諸葛亮病逝於軍中，終年五十四歲。

再說司馬懿以為諸葛亮已死，探查到五丈原蜀營中已空無一人，便忙親自引兵來追。到山腳下，見蜀軍不遠，更加奮力追之。

這時忽然山後一聲炮響，喊聲大震，只見蜀軍全部回旗返鼓，樹影中飄出中軍大旗，上面寫著一行大字「漢丞相諸葛亮」。

司馬懿不由得大驚失色，定睛看時，只見中軍幾十員上將，擁出一輛四輪車來，車上端坐著諸葛亮，羽扇綸巾，鶴氅皂。

司馬懿大驚道：「諸葛亮還活著！我輕入重地，落進他的計中了！」急忙勒馬往回跑。

背後姜維大叫道：「賊將休走，你中了我們丞相之計！」魏兵魂飛魄散，棄甲丟盔，拋戈撇戟，各逃性命，自相踐踏，死者無數。

司馬懿奔走了有五十多里，背後兩員將趕上，扯住馬環叫道：「都督勿驚！」

司馬懿用手摸摸腦袋問：「我還有頭嗎？」

二將道：「都督休怕，蜀兵已經離遠了。」

司馬懿喘息半晌，神色方定，睜開眼睛一看，原來是夏侯霸和夏侯惠，這才舒了口氣，與二將尋小路趕回本營寨去。

過了兩天，鄉民奔走相告說：「蜀兵退入谷中之時，哀聲震地，軍中揚起白旗，諸葛亮果然死了，只留姜維帶一千兵斷後。前日車上的諸葛亮其實是木人。」

司馬懿聽說後嘆道：「我能料諸葛亮生，卻不能料諸葛亮死也！」因此蜀中人有諺語道：「死諸葛走活仲達。」

司馬懿確信諸葛亮已死，才又帶兵追趕蜀軍，走到赤岸坡，見蜀軍已去遠了，才引大軍回去。

一路上看到諸葛亮安營紮寨之處，前後左右，整齊有法，司馬懿嘆道：「真是天下奇才啊！」

從歷史上看，諸葛亮與司馬懿皆才智過人之人，然而如果將兩人再作比較，司馬懿就遠遠遜色於諸葛亮了。

司馬懿不僅在作戰布陣方面不是諸葛亮的對手，就是在用智用謀方面，也遠遠不及諸葛亮。

諸葛亮設謀往往能舉一反三，在鬥智中經常是在別人思維可能考慮到的最後限度之外再去設謀，因此總是高人一籌。

這種深謀遠慮不僅司馬懿望塵莫及，即使把歷史上很多著名的謀臣將相拿來作比較，也很難找出能與諸葛亮相匹敵的。

一代名相的逝世，對於蜀漢政權來說，無疑是一顆閃爍著萬丈光芒的巨星隕落。劉備慘淡經營數十年所建的蜀漢，此時已處於風雨飄搖之中。

諸葛亮死後，魏延果然造反，楊儀令先鋒何平引兵到南谷討之。何平出馬大罵：「反賊魏延在哪兒？丞相新亡，骨肉未寒，你就敢造反！」

又揚鞭指著魏延部下道，「你等軍士，都是西川之人，川中多有父母妻子，兄弟親朋。丞相在時，不曾薄待你們，現在不可幫助反賊，宜各回家鄉，聽候賞賜。」

　　眾軍一聽，大喊一聲，散去了大半，只有馬岱所領的三百人不動。魏延大怒，揮刀縱馬，直取何平。何平帶軍飛奔而去。

　　魏延、馬岱帶兵往南鄭殺來，姜維挺槍立馬於門旗之下，高聲大罵：「反賊魏延，丞相當初曾識你腦後有反骨，料你日後必反，每每想要殺你，卻憐你英勇，所以姑且留用，不曾虧待於你，如今卻果然造反。」

　　這時，楊儀在門旗影下拆開諸葛亮留給他的錦囊，見上寫如此如此。

　　楊儀大喜，輕騎到陣前，手指魏延道：「你若是敢在馬上連叫三聲『誰敢殺我』，就算你是真正的大丈夫，我就把漢中城池獻給你。」

　　魏延大笑道：「這有何難！諸葛亮在時，我尚怕三分；如今他已經死了，看天下誰能與我為敵？別說連叫三聲，就是連叫三萬聲，又能怎樣？」

　　於是當即便在馬上大叫道：「誰敢殺我？」

　　一聲未叫完，腦後一人厲聲應道：「我敢殺你！」手起刀落，斬魏延於馬下。

　　眾人都驚駭不已，斬魏延者，乃是馬岱。原來，諸葛亮臨終之際授馬岱以密計，只等魏延喊叫時，便出其不意斬他。

　　之後，楊儀等人便扶諸葛亮靈柩回到成都，後主帶文武官僚，全部掛孝，出城十公里迎接。

　　後主放聲大哭，上至公卿大夫，下至山林百姓，男女老幼，無不痛哭，哀聲震地。後主命扶柩入城，停在丞相府中。諸葛亮之子諸葛瞻守孝居喪。

　　楊儀入朝，呈上諸葛亮遺表。後主閱後大哭，降旨卜地安葬。費文偉奏道：「丞相臨終時，命就地葬於定軍山，不用牆垣磚石，也不用一份

祭物。」後主從之，擇當年十月吉日，親自送靈柩到定軍山安葬，降旨封諸葛亮諡號忠武侯。

諸葛亮之死，是蜀漢國的巨大損失。在三分天下中，諸葛亮猶如蜀漢國的一根頂梁柱，這根柱子一倒，整個蜀漢國就有垮掉的危險。人們忘不了這個為國為民、鞠躬盡瘁、死而後已的父母官；忘不了諸葛亮那大智大勇、超乎常人的智慧和力量。

上至朝廷皇帝，下至百姓，頃刻間陷入極度悲哀之中，人們紛紛要求設廟堂紀念這位受人尊敬的丞相、智通鬼神的聖人。

由於民間自發私祭的人越來越多，因此劉禪終於下詔，在河陽修建諸葛亮的相廟，命為武侯祠，供人們祭拜。

諸葛亮死後，蜀漢國延續了近三十年。西元二百六十三年，蜀漢政權在曹魏三路軍的攻擊下終於滅亡了，諸葛亮之子諸葛瞻在蜀漢政權中曾任傅中、尚書僕射和軍師、將軍等職。

在魏軍進攻洛縣，即今四川綿陽。綿竹，即今四川綿陽西南綿竹山時，諸葛瞻因堅決抗擊魏軍而戰死沙場，其十幾歲的兒子諸葛尚也不辱先祖之英名，面對強敵臨危不懼，憤然衝入敵陣，直至戰死。三代忠烈，皆為蜀漢政權獻出了寶貴的生命。

諸葛亮一生的歷史活動，表現了忠誠、勤勉、開明、智慧。他不僅受到歷代封建統治者的推崇和讚揚，也頗受人民的尊敬和愛戴。

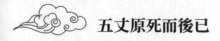 **五丈原死而後已**

附錄：諸葛亮年譜

181 年，誕生於瑯琊陽都，即今山東沂南縣。

189 年，生母章氏去世。

192 年，父親諸葛珪去世。

194 年，與弟諸葛均及兩個姐姐由叔父諸葛玄收養。赴江東。

195 年，叔父諸葛玄任豫章太守。他及姐弟隨叔父赴豫章，即現在的南章。

197 年，諸葛玄病故。諸葛亮和姐弟移居隆中。

199 年，與友人徐庶等師從水鏡先生司馬徽。

207 年，劉備三顧茅廬，諸葛亮對劉備陳說三分天下之計，即著名的「隆中對」。旋即出山輔佐劉備。

208 年，說服孫權與劉備結盟，參與赤壁之戰獲勝。

209 年，任軍師中郎將。

211 年，與關羽、張飛、趙雲鎮守荊州。

214 年，留關羽守荊州，與張飛、趙雲率兵與劉備會師。劉備進成都，掌管巴蜀。諸葛亮任蜀軍軍師將軍，署左將軍，兼任大司馬府事。

215 年，整頓巴蜀內政。

218 年，留守巴蜀，籌集軍糧，供應在漢中作戰的劉備。

221 年，劉備登基，建立蜀國。諸葛亮任丞相。

223 年，劉備白帝城託孤諸葛亮。劉禪封諸葛亮為武鄉侯，領益州牧。

224 年，調整巴蜀內政，穩定因劉備戰敗而混亂的人心。

225 年，率軍南征，穩定南部四郡。

226 年，準備興師討魏。

227 年，向後主劉禪呈交《出師表》進行北伐。

228 年，北伐中街亭失守，諸葛亮揮淚斬馬謖，自貶為右將軍，行丞相事。

229 年，再次北伐奪取武都、陰平，恢復丞相職位。

230 年，再次北伐。

附錄

231 年，北伐攻祁山，破司馬懿，大敗魏將張郃。

233 年，在斜谷修造劍閣，屯集糧食。

234 年，於再次北伐中病故於五丈原。終年 54 歲。

臥睡之龍諸葛亮：

草船借箭、借東風贏得赤壁之戰，且看孔明如何從躬耕隴畝至一代謀士

編　　著：岳展騫，吳靜娜

發 行 人：黃振庭

出 版 者：崧燁文化事業有限公司

發 行 者：崧燁文化事業有限公司

E - m a i l：sonbookservice@gmail.com

粉 絲 頁：https://www.facebook.com/
　　　　　sonbookss/

網　　址：https://sonbook.net/

地　　址：台北市中正區重慶南路一段六十一號八
　　　　　樓 815 室

Rm. 815, 8F., No.61, Sec. 1, Chongqing S. Rd.,
Zhongzheng Dist., Taipei City 100, Taiwan

電　　話：(02)2370-3310

傳　　真：(02)2388-1990

印　　刷：京峯彩色印刷有限公司（京峰數位）

律師顧問：廣華律師事務所 張珮琦律師

定　　價：299 元

發行日期：2022 年 08 月第一版

◎本書以 POD 印製

國家圖書館出版品預行編目資料

臥睡之龍諸葛亮：草船借箭、借東
風贏得赤壁之戰，且看孔明如何從
躬耕隴畝至一代謀士 / 岳展騫，吳
靜娜編著 . -- 第一版 . -- 臺北市：
崧燁文化事業有限公司 , 2022.08
　　面；　公分
POD 版
ISBN 978-626-332-595-1(平裝)
1.CST:（三國）諸葛亮 2.CST: 傳記
782.823　111011518

電子書購買

臉書